이름 없이 빛도 없이

**김남준** 현 안양대학교의 전신인 대한신학교 신학과를 야학으로 마치고, 총신대학교에서 목회학 석사와 신학 석사 학위를 받았으며, 신학 박사 과정에서 공부했다. 안양대학교와 현 백석대학교에서 전임 강사와 조교수를 지냈다. 1993년 **열린교회**(www.yullin.org)를 개척하여 담임하고 있으며, 현재 총신대학교 신학과 조교수로도 재직하고 있다. 저자는 영국 퓨리턴들의 설교와 목회 사역의 모본을 따르고자 노력해 왔으며, 아우구스티누스를 비롯한 보편교회의 신학과 칼빈, 오웬, 조나단 에드워즈와 17세기 개신교 정통주의 신학에 천착하면서 조국교회에 신학적 깊이가 있는 개혁교회 목회가 뿌리내리기를 갈망하며 섬기고 있다.

주요 저서로는 **1997년도 기독교 출판문화상**을 수상한 『예배의 감격에 빠져라』와 **2003년도 기독교 출판문화상**을 수상한 『거룩한 삶의 실천을 위한 마음지킴』, **2005년도 기독교 출판문화상**을 수상한 『죄와 은혜의 지배』를 비롯하여 『구원과 하나님의 계획』, 『게으름』, 『자기 깨어짐』, 『하나님의 도덕적 통치』, 『교사 리바이벌』, 『자네, 정말 그 길을 가려나』, 『목회자의 아내가 살아야 교회가 산다』, 『설교자는 불꽃처럼 타올라야 한다』, 『돌이킴』, 『싫증』, 『개념없음』, 『그리스도인이 빛으로 산다는 것』, 『가상칠언』, 『목자와 양』, 『아이야 엄마가 널 위해 기도할게』, 『깊이 읽는 주기도문』, 『서른통』 등 다수가 있다.

# 이름 없이 빛도 없이

ⓒ **생명의말씀사** 2005

2005년 10월 15일  1판  1쇄 발행
2023년 10월 24일     20쇄 발행

펴낸이 | 김창영
펴낸곳 | 생명의말씀사

등록 | 1962. 1. 10. No.300-1962-1
주소 | 서울시 종로구 경희궁1길 6 (03176)
전화 | 02)738-6555(본사) · 02)3159-7979(영업)
팩스 | 02)739-3824(본사) · 080-022-8585(영업)

지은이 | 김남준

교열 | 태현주, 조해림
표지디자인 | 디자인집
인쇄 | 영진문원
제본 | 다온바인텍

ISBN 89-04-15617-3
      89-04-00108-0 (세트)

저작권자의 허락없이 이 책의 일부 또는 전체를
무단 복제, 전재, 발췌하면 저작권법에 의해 처벌을 받습니다.

거룩한 삶의 실천 시리즈 5

# 이름 없이 빛도 없이

김남준 지음

생명의말씀사

## 목 차

**저자 서문**  6
**여는글 |** 마지막 편지  8

**제1장 섬김의 본질**  13
섬김, **맑은 영혼으로 사는 길**

**제2장 섬김의 기초**  39
구원, **사랑으로 섬기게 하는 힘**

**제3장 섬김의 이유**  67
사명, **은혜 안에 있는 부르심**

**제4장 섬김의 자세**  85
버시를 아십니까? **이름 없이 빛도 없이**

**제5장 섬김의 태도 (1)   105**

### 헌신, **자기를 다 드린 섬김**

**제6장 섬김의 태도 (2)   133**

### 낮아짐, **희생으로 드린 섬김**

**제7장 섬김의 태도 (3)   149**

### 충성, **최선을 다한 섬김**

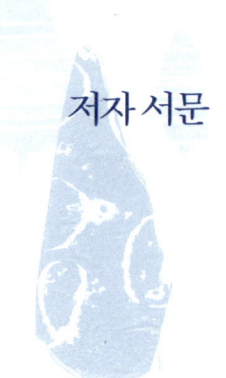

## 저자 서문

　모이는 성도들은 점점 많아졌지만, 일손은 더욱 부족하게 느껴지던 때였습니다. 성도들이 모두 집으로 돌아가고 난 후, 텅 빈 교회 마당 한복판에 서 있는데 마음이 찢어지는 것처럼 아파왔습니다. 너무나 많은 성도들이 손님처럼 교회에 다니고 있구나 하는 생각이 들었기 때문이었습니다. 상한 마음으로 저도 모르게 그 자리에서 기도를 시작했는데, 마음의 아픔은 점점 더하여만 갔습니다. 그제서야 저는 이것이 바로 이 교회 마당에 서 계신 주님의 마음임을 깨닫게 되었습니다.

　그 후 주님의 그런 마음을 두어 달 동안의 설교를 통하여 성도들에게 전해 주었습니다. 하나님의 많은 축복이 있었고, 그 날 제가 텅 빈 교회 마당에서 느꼈던 마음을 온 성도들이 함께 느낄 수 있었습니다. 많은 성도들이 섬김이 없는 삶을 회개하고 무엇으로든지 주님을 섬기고자 결심하였습니다.

이 땅에 살아 있는 동안 하나님을 섬기는 것은 성도의 의무인 동시에 가장 큰 행복입니다. 왜냐하면 하나님은 사랑하는 자녀들을 통해 섬김을 받으시기를 기뻐하시기 때문입니다. 하나님이 누구신지를 많이 알고, 그 넓은 은혜의 세계를 많이 경험하며 살았던 성도들 중 나태한 사람은 아무도 없었습니다. 그들은 모두 어디 있든지 온 마음으로 하나님을 섬겼던 사람들이었습니다. 섬김 속에서만 하나님과 진리를 알아갈 수 있기 때문입니다.

밀물처럼 밀려왔던 예배자들이 썰물처럼 돌아가는 예배당 한 구석에서 그런 냉담한 영혼들을 섬기기 위해 타는 듯한 마음을 가진 성도가 그립습니다. 자기를 구원하신 십자가의 사랑 때문에 섬길 사람들말입니다. 이름 없이 빛도 없이…….

그리스도의 노예
김남준

# 여는 글

## 마지막 편지

저는 최근 한 성도를 하나님 앞에 먼저 보냈습니다. 그는 다섯 해 전 곤고한 영혼을 안고 교회를 찾아와서 그리스도를 만나고 불꽃같은 삶을 살다 갔습니다. 간암으로 시한부 인생을 살다가 하늘나라로 간 그는 제게 편지 한 통을 남겼습니다.

사랑하는 목사님께 드립니다.

제 육신과 영혼이 가장 힘든 상태에서,

음부 속으로 내려가는 것 같은 상황에서

목사님께 펜을 들었습니다.

목사님! 주님 안에서 목사님을 사랑했어요.

깊은 웅덩이와 죄악의 수렁에서 헤매던

많은 영혼들에게 생명을 전해 주시는

목사님을 사랑했어요.

저는 아무것도 한 일이 없이

인생의 막바지에서 흉한 몰골로……

앞으로 많은 영혼들을 살리시기를 원합니다.

이제 새 사람이 되어서 하나님만 바라보고

순종하며 섬기고 싶었는데,

저는 이제 한줌의 흙으로 돌아갑니다.

이 죄인이 다 못한 섬김까지

하나님께서 목사님을 통하여

이루시기를 바라며……

제가 먼저 천국에 가서,

후일에 많은 상급 받으실 목사님을 기다리겠습니다.

선한 싸움 다 싸우고 의의 면류관 쓰실 때까지

늘 하나님 앞에 서시기를 기도드립니다.

목회하실 때 힘든 일이 많이 있겠지만,

그때마다

힘을 내세요!

힘을 내세요!

힘을 내세요!

목사님, 사랑합니다.

　　　　　　　　　　　　ㅇㅇㅇ 집사 올림

그를 마지막으로 보내는 병실에서 우리는 함께 숨죽이며 울고 있었습니다. 그는 산소호흡기를 쓴 채 가쁜 숨을 몰아쉬며 하나님의 부르심을 기다리고 있었고, 우리는 그와의 이별에 인간적으로 아파하며 울었습니다. 그러나 우리의 눈물에는 이별의 아픔 그 이상의 의미도 있었으니, 바로 잠시 같은 교회에 있는 동안 그가 보여 주었던 지극히 아름다운 섬김에 대한 감동이었습니다.

다섯 해 전 그는 이 교회에서 주님을 깊이 만났습니다. 하나님의 말씀을 통해 깊은 각성을 경험한 후, 그의 마음은 오직 회심하지 못한 영혼들에 대한 염려와 방황하는 믿음의 가족들에 대한 걱정으로 타올랐습니다. 간암 판명을 받은 후에도 주일 오후는 물론 바쁜 평일까지 따로 시간을 내어 사랑하는 지체들과 함께 병원을 다니며 온 마음을 쏟아 그리스도의 사랑을 전하였습니다. 자기가 만난 그리스도를 전하는 것이었기에 그의 섬김에는 언제나 확신과 평안이 가득하였습니다. 병색이 완연한 때에도 그는 열정적으로 환자들에게 복음을 전하였고, 자신도 환자이지만 하나님의 사랑을 받고 있음을 친근하게 간증하였습니다. 자신도 죽어가면서, 그는 또 다른 죽어가는 많은 사람들을 섬겼습니다.

영혼을 향한 그의 불붙는 사랑의 마음은 그가 돌보다가 남기고 간 구역 지체들의 가슴에 아직도 따뜻하게 남아 있습니다.

회심치 못한 영혼들을 위하여 기도할 때 그의 기도는 차라리 신음소리였습니다. 특히 회심하지 못한 영혼들이 많았던 자신의 구역의 지체들을 그는 온 마음을 다해 심방하며 섬겼습니다. 교회에 뿌리를 내리지 못하던 연약한 지체들의 냉담한 마음을 그는 눈물로 녹였습니다. 죽음의 기운이 그의 온몸을 엄습하여 스스로 자신의 몸을 가눌 수 없을 때에도, 그는 지체들의 부축을 받으며 구역모임을 인도했습니다. 그리고 죽음 이후의 세계와 하나님의 사랑과 성도의 삶을 가르쳤습니다.

자신의 시신까지 대학병원에 기증하고 그는 떠났습니다. 그리고 이제, 그가 남긴 한 통의 편지만이 제 찬송가 갈피에 남아 있습니다.

오늘 아침에도 저는 그가 남긴 마지막 편지를 읽으며 울었습니다. 그리고 하나님을 그렇게 사랑하던 그가 이 땅에 살아 있었더라면 주께 드렸을 그런 섬김의 삶을 살게 해달라고, 이렇게 살아 있는 것이 먼저 간 그에게 부끄럽지 않게 해달라고 간구하였습니다. 왜냐하면 지금 제가 살고 있는 오늘은 그가 그렇게 살고 싶어했던 내일이기 때문입니다.

제1장 **섬김의 본질**

# 섬김, 맑은 영혼으로 사는 길

"너희 안에 이 마음을 품으라
곧 그리스도 예수의 마음이니"
빌립보서 2장 5절

## 섬김, 맑은 영혼으로 사는 길

선교차 필리핀을 방문했을 때의 일입니다. 선교지에서의 일정을 모두 마친 후, 필리핀에서 사역하시는 선교사님과 함께 마닐라의 메모리얼 파크(Memorial Park)를 둘러보았습니다. 그곳은 2차 대전 당시 필리핀 인근에서 전사한 미국 병사들을 추모하기 위해 미국 정부가 땅을 사서 조성한 공원인데, 잔디가 예쁘게 자라고 있는 넓은 땅 위로 S자 모양의 길이 나 있고, 그 길 양쪽으로 전사자들의 이름이 기록된 대리석 조형물이 서 있었습니다. 그리고 그 대리석 조형물 속에는 이등병부터 계급이 꽤 높은 군인에 이르기까지, 그들의 이름과 참전 기록이 새겨져 있었습니다. 화려하거나 큰 공원은 아니었지만, 수많은 병사들의 생과 죽음을 간직한 의미 깊은 장소라는 사실이 여실히 느껴졌습니다.

그곳을 돌아보며, 저는 '우리가 일생을 살다가 하늘나라에 올라가면 그곳에도 이런 곳이 있지 않을까? 라는 생각을 했습니다. 생명수 강가를 따라 아름다운 길이 나 있고, 그 길 위에 이 세상에서는 결코 보지 못한 형언할 수 없이 아름다운 돌들이 세워져 있어, 이 세상에서 영적 군사로서 치열하게 살다 온 사람들의 삶이 기록되어 있다면 어떨까요?

'아무개, 언제부터 언제까지 주를 위해 살다가 죽다.' 라고 아로새겨져 있고, 그 아래에 작은 글씨로 '예수 믿고 한동안 방황했지만 그 후에 복음의 참된 의미를 알게 됨. 어느 교회에서 몇 년 동안 주일학교 교사로, 또 몇 년 동안 교회의 여러 가지 직분으로 섬기고 봉사하며 충성스럽게 살다가 죽음.' 이라고 기록되어 있다고 상상해 보십시오.

주를 위해 살다 죽은 훌륭한 사람이 있는가 하면, 구원만 받았을 뿐 별로 신자답지 못한 삶을 살다가 죽은 사람도 있을 것입니다. 또한 영적 탈영병으로 살다 간 사람도 있을 것입니다. 아마 그 사람의 이름 아래에는 다음과 같은 기록이 남겨져 있겠지요. '아무개는 모년 모일, 감격적으로 주님을 영접했으나, 곧 탈영하고 말았음. 그러나 제대로 섬긴 적이 없음에도 불구하고 그리스도의 보혈의 공로로 천국에 들어오기는 했음.'

여러분의 이름 아래에 어떠한 기록이 남겨지기를 원합니까? 저 천국에 이르렀을 때, 당당하게 이 땅에서의 삶의 여정을 돌아볼 자신이 있습니까? 여러분의 생이 다하는 그 순간, '부족하지만, 후회 없이 예수님을 섬겼노라.' 고 고백할 수 있겠습니까?

## 은혜의 목적

사도 바울은 하나님께서 우리에게 은혜를 베푸신 이유를 다음과 같이 말합니다. "그리스도를 위하여 너희에게 은혜를 주신 것은 다만 그를 믿을 뿐 아니라 또한 그를 위하여 고난도 받게 하심이라"(빌 1:29).

신자라면 누구나 은혜를 사모합니다. 하나님의 은혜에 대한 갈망은 곧 하나님 자신을 향한 갈망이기 때문입니다. 진실한 신자가 되기를 사모하는 사람들은 스스로를 진실한 신자로 만드는 모든 힘의 근원이 은혜라는 사실을 알고 있습니다. 그래서 그런 구도자의 정신으로 살아가는 사람들에게는 언제나 하나님의 은혜 없이는 단 하루도 살 수 없다는 가난한 마음이 있습니다. 그래서 더 많은 은혜를 갈망하며, 하나님 앞에서 그분의 은혜 없이는 아무 소망도 없는 자기 자신을 발견합니다.

그러나 하나님께로부터 오는 은혜를 갈망한다고 해서, 모두 진실한 신자가 되기를 사모하는 사람이라고 할 수는 없습니다. 자기 자신의 내적 만족과 평안을 위해 은혜를 구하는 경우도 있기 때문입니다. 은혜를 통해 우리는 하나님을 더 많이 느끼게 되고, 황폐한 영혼의 상태에서 풍요롭게 되며, 하나님을 더욱 사랑하게 됩니다.

그래서 때때로 사람들은 자기 자신의 유익을 위해 보다 강력한 은혜를 갈망합니다. 삶의 어려운 정황들을, 보다 큰 은혜를 받아 타개해 나가고자 하는 마음을 소유하게 되는 것입니다.

그러나 영혼의 내적인 만족만을 위해 은혜를 구하는 것은 옳지 않습니다. 은혜에 그러한 효능이 있는 것은 사실이지만, 하나님이 우리에게 은혜를 베푸신 목적은 단지 그것을 누리게 함이 아니기 때문입니다.

본문에서 사도 바울은 "그리스도를 위하여 너희에게 은혜를 주신 것은 다만 그를 믿을 뿐 아니라"(빌 1:29上)고 말합니다. 여기서 '다만 그를 믿는다' 는 것은 믿음의 의뢰뿐 아니라, 하나님과의 연합의 관계에서 오는 행복과 은혜에 대한 내적인 체험과 거기에서 오는 영적인 만족 등을 모두 포함합니다. 즉, 하나님께서 그리스도를 통해 우리에게 은혜를 주시는 것은 우리로 하여금 단지 영적인 자기만족 이상의 더 큰 목적을 이루게 하시기 위함입니다. 그 목적은, 다음 구절을 보면 알 수 있습니다. "또한 그를 위하여 고난도 받게 하심이라"(빌 1:29下).

## 영적 허영

그런데 은혜의 목적으로서 고난을 언급하는 바울의 충고는 매우 현실적인 문제로 넘어갑니다. 그는 이렇게 권면합니다. "마음을 같이 하여 같은 사랑을 가지고 뜻을 합하며 한 마음을 품어 아무 일에든지 다툼이나 허영으로 하지 말고 오직 겸손한 마음으로 각각 자기보다 남을 낫게 여기고 각각 자기 일을 돌아볼 뿐더러 또한 각각 다른 사람들의 일을 돌아보아 나의 기쁨을 충만케 하라"(빌 2:2-4).

그리스도를 위한 고난을 언급하면서, 서로 복닥거리며 살아가는 교회 생활에서의 섬김을 묘사하는 이 구절은 우리를 잠시 생각에 잠기게 합니다. 우리는 흔히 '고난' 이라고 할 때 장엄한 것만을 생각합니다. 예를 들어, 누군가 우리의 목에 칼을 들이대며 "예수를 부인하겠는가? 아니면 지금 이 자리에서 죽겠는가?" 물을 때, "오직 믿음으로!"라고 외치며 장렬하게 순교하는 장면을 연상하는 것입니다. 그러나 그러한 장엄한 순교의 삶은 아무에게나 주어지는 것이 아닙니다. 순교하는 자세로 하루하루의 삶을 살아가는 사람들만이 순교의 자리에까지 나아갈 수 있기 때문입니다.

사도 바울이 고난에 대해서 말할 때 성도간의 교제라는 현실적인 교회생활을 언급하는 것을 보며, 우리는 우리가 받아야 할 고난이 지극히 현실적이며 실제적 삶과 매우 가까운 문제임을 깨달아야 합니다. 물론 우리를 향한 하나님의 구원 계획은 매우 장엄합니다. 한 사람 한 사람의 출생과 거듭남은 천지를 창조하신 하나님의 위대한 목적과 관련되어 있으며, 인간이 영화의 상태에 들어가는 것은 온 우주의 완성과 직결됩니다. 그러므로 자신의 인생에 대해 이러한 우주적 인식을 갖고 살아가는 것은 신자의 마땅한 본분입니다.

그러나 그러한 장엄한 목적은 실생활의 가장 사소한 문제에서부터 하나하나 하나님의 뜻을 이루어 나갈 때 비로소 성취된다는 사실을 인식하는 것 역시 성도의 마땅한 태도입니다. 곧, 우리가 영화의 상태로 들어갈 그 날만 중요한 것이 아니라, 그날을 기다리며 실제적으로 죄와 더불어 싸우며 살아가는 오늘 하루도, 창조의 목적의 성취를 위해 한없이 중요한 것입니다.

그러므로 우리는 고난의 문제를 바라볼 때 어느 한 순간 장엄하게 피를 쏟으며 순교하는 그런 사건보다는, 매일 예수 그리스도와 함께 십자가에 못박히며 살아가는 순교자적 삶을 먼저 염두에 두어야 합니다. 고난과 관련하여 우리에게 보다 현실적인 문제는 '순교자가 될 것이냐, 배교자가 될 것이냐?'가 아니라, '오늘 하루 게으름과 타협할 것이냐, 지금 내게 주어진 섬김의 의무를 다할 것이냐?' 이기 때문입니다. 실제의 삶과 동떨어진, 실제로 일어날 가능성이 아주 적은 장엄한 고난만을 상상하는 것은 모두 영적인 허영입니다.

하늘나라의 상급은 상상 속에서 십자가를 지고 장렬하게 죽는 사람을 위한 것이 아니라, 생활 속에서 십자가를 지고 순전하게 섬기는 사람을 위한 것입니다. 장렬하게 죽는 순교에 대한 상상보다 더 중요한 것은 오늘 실제의 삶에서 자신의 게으름과 더불어 싸우고, 교만을 억누르며, 허리 숙여, 이름 없이 빛도 없이 섬기며 생활하는 것입니다. 그리스도인의 섬김의 향취는 바로 여기 있습니다.

참된 그리스도인에게는 이 땅에서의 하루하루가 순교의 정신 없이는 살 수 없는 날들입니다. 그러므로 순교의 정신을 품은 채 주어진 날들을 예수 그리스도의 사랑을 아는 자답게 살아가는 사람이야말로 진정한 순교자입니다.

## 고난과 행복

받은 은혜를 이야기할 때, 늘 당할 고난이 함께 거론되는 이유는, 은혜에는 반드시 소명이 포함되기 때문입니다. 소명은 충성된 삶을 요구하고, 충성된 삶은 언제나 구체적인 고난을 요구합니다. 그래서 사도 바울은 아들과 같은 디모데를 향해 이렇게 말합니다. "오직 하나님의 능력을 좇아 복음과 함께 고난을 받으라"(딤후 1:8 下). 사도는 아버지의 마음으로 디모데에게 "하나님께서 너에게 능력을 주셨으니, 너는 그 능력을 좇아 복음과 함께 고난을 받으며 살아가야 한다. 그것이 전도자의 삶이다."라고 권면하고 있는 것입니다.

그러나 은혜 받은 자가 소명을 따라 살려 할 때 고난을 받게 된다고 해서, 이것이 곧 은혜를 행복과는 동떨어진 것으로 만들지는 않습니다. 신자의 행복은 고난이 사라진 자리에 고이는 것이 아니기 때문입니다. 오히려 신자의 마음 안에는 고난과 행복이 공존합니다(행 13:50-52).

지금 우리나라는 심각한 취업 대란을 맞고 있습니다. 사람들은 힘은 적게 들고 보수는 많이 받는 직업을 얻으려고 합니다. 그렇게만 되면 정말 행복할 것이라고 생각합니다. 그런데 정말 그럴까요? 실업자를 불러 그저 편히 놀며 지내라고 하고, 꼬박꼬박 월급을 넣어 주면 그의 삶이 말할 수 없이 행복해질까요? 물론, 당장은 행복해 할지 모르지만 오래 가지는 못할 것입니다. 신자든지 불신자든지 궁극적으로 그러한 상황을 행복하게 여길 수는 없을 것입니다. 인간의 만족이라는 것은 그렇게 단순한 문제가 아니기 때문입니다.

어느 사회 심리학자가 의미 있는 실험을 하였습니다. 그는 다른 곳에서 일당 2만 5천 원을 받는 한 노동자를 불러, 일당 5만 원을 주며 땅을 파도록 시켰습니다. 파격적인 보수의 댓가로 이 노동자에게 요구한 사항은 아주 간단했는데, 바로 그 일을 하는 이유를 묻지 말라는 것이었습니다. 노동자는 흔쾌히 수락했고, 심리학자는 노동자에게 넓은 공터에 너비가

1m, 깊이가 30cm 정도 되는 도랑을 트랙처럼 파도록 지시했습니다. 정해진 작업량을 완수하는 데 닷새가 걸렸습니다. 그런데 구덩이가 완성되자마자 심리학자는 다시 처음처럼 메우라고 했습니다. 그리고 처음 상태로 메워지자, 예전처럼 다시 파도록 지시했습니다. 계속해서 같은 작업이 반복되자, 일을 하던 노동자는 5만 원의 일당을 팽개치고 2만 5천 원을 받던 예전의 자리로 돌아가고 말았습니다.

인간의 행복이란 돈이나 안정성에만 달린 문제가 아닙니다. 자기가 하는 일의 의미를 알고 보람을 느낄 때 비로소 행복을 느낄 수 있는 것입니다. 그러므로 우리는 먼저 행복에 대한 오해부터 벗어 버려야 합니다. 우리가 '아, 이렇게 되면 행복하겠다.'고 생각하는 것들의 대부분은 우리를 행복하게 할 수 없는 것들입니다.

돈이 많으면 행복할 것 같습니까? 고난이 없으면 행복할 것 같습니까? 정말로 행복이 그러한 요소들을 통해 만들어지는 것이라면, 돈 많은 사람들은 모두 행복해야 합니다. 그리고 더 행복해지기 위해서 그 어떤 고난도 당하지 않도록, 희생해야 하는 일에는 절대로 도전하지 말아야 합니다. 따라서 아무것도 욕심내지 않고, 아무 일도 하지 않은 채 살아가는 사람들이 이 세상에서 제일 행복해야 합니다. 그러나 현실은 그렇지 않습니다. 오히려 인생의 진정한 행복은 가난하지만 목표가 있는 사람들에게서, 고난을 당하지만 도전하는 보람이 있는 사람들에게서 발견됩니다.

성경과 교회의 역사를 보십시오. 하나님과 동행하며 말할 수 없는 행복을 누렸던 사람들은 모두 고난의 사람들이었습니다. 그들은 무거운 짐을 지고 눈물로 살아갔지만, 하나님을 누리며 산 자신이야말로 세상 그 어떤 존재보다 행복한 사람이라고 믿었습니다. 그리스도를 위해 살아가는 삶의 보람이 있었기에 고난으로 점철된 섬김 속에서도 진정한 행복을 찾을 수 있었던 것입니다.

루마니아의 기독교 지도자 리처드 범브란트(Richard Wurmbrand) 목사는 긴 세월을 감옥에서 지내야 했습니다. 그러나 그는 고문이 행해지던 공산 치하의 감옥에서 석방될 때, "천국에서 땅바닥으로 떨어지는 느낌입니다."라고 말했습니다. 그의 저서 『하나님의 지하 운동』(In God's Underground)에 나오는 다음의 내용을 읽으면 그가 왜 그런 고백을 했는지 알 수 있습니다.

"칼리아 라호바의 감옥에서 고문이 시작되었다. 어떤 때는 허벅다리나 척추 뼈끝이 떨어져 나가기도 했다. 기절을 하면 찬물을 끼얹어 정신을 차리게 했다. 그때마다 그들이 원하는 사람의 이름을 대 주면 고문을 중지하겠다고 했다……그 고통은 영원히 죽을 수도 없는 지옥과도 같은 것이었다. 성경 말씀을 기억해 내기가 매우 어려웠다. 그래도 나는 왕으로 오실 수 있었던 예수님께서 오히려 죄인의 형벌을 받고 매맞는 길을 택하셨던 것을 기억하려 애썼다. 로마 군인들의 매질은 무서웠을 것이다. 내가 맞는 한 대, 한 대의 고통이 그분의 고통과 같다고 생각하니 주님의 고통에 참예하는 기쁨을 느낄 수 있었다."

결국 우리는 다음과 같은 결론에 도달하게 됩니다. 하나님의 은혜를 누리지 못하는 사람에게는 고난이 고난일 뿐이지만, 그 은혜 안에 사는 사람에게는 고난도 하나님을 경험하는 통로가 되는 것입니다. 그러므로 우리는 행복에 관해 올바른 견해를 확립해야 합니다. 행복은 우리가 애쓰며 추구해야 할 대상이 아니라, 오히려 구속하신 하나님의 은혜 안에서 하나님의 영광을 위해 하루하루 충성스럽게 살아갈 때 자연스럽게 누리게 되는 결과입니다. 섬김의 고난을 피함으로써 행복을 얻고자 하지 말고, 그 속에서도 변함 없이 하나님을 붙들고 섬김으로 고난 속에 깃든 놀라운 기쁨을 맛보며 살아가야 하는 것입니다.

인간은 자신을 모두 불태울 가치 있고 뚜렷한 목표를 가지고 살아갈 때, 비로소 행복해질 수 있습니다. 자신이 하고 싶은 일을 최선을 다해서 행하며, 그것으로부터 기쁨을 누리고, 그것 때문에 다른 사람을 행복하게 하고, 하나님께 영광 돌릴 수 있다면 그는 이미 행복을 얻은 사람입니다. 무엇보다 하나님의 영광을 위하여 섬기는 삶을 살고 있는지 살펴보십시오. 인생의 참다운 행복과 즐거움은 그러한 삶 속에서만 발견될 수 있기 때문입니다.

인생의 가치는 이 세상에 태어나서 얼마나 많은 물질을 누리고, 얼마나 높은 지위에 오르며, 얼마나 많은 사람들에게 자기의 이름을 널리 알리면서 사는가에 있지 않습니다. 이 모든 것들은 우리가 예수 그리스도를 믿기 위해 버렸던 이 세상의 길과 가치들입니다. 예수 그리스도를 만나고, 그분으로 인해 새로운 생명을 누리게 된 우리들이 추구해야 할 가치는 그런 것들이 아닙니다. 오히려 그리스도의 죽으심과 부활을 본받아 사는 것입니다. 그리스도와의 참된 연합 속에서 그분이 여기 계셨더라면 사셨을 그런 삶을 살아가는 것입니다.

하나님의 놀라운 은혜와 사랑은 모른 채, 오직 자신만을 위하며 살아가는 사람들의 삶을 보십시오. 그들이 세상을 통해 누리는 쾌락과 기쁨은

찰나이지만, 그들이 느끼는 영적인 단절감과 고통은 영원합니다. 그래서 그들의 인생은 언제나 허무합니다. 잠시 동안은 열렬하고 즐거울지 몰라도, 이내 그 마음에 더 큰 공허감이 밀려듭니다. 그래서 그들의 삶은 궁극적으로 우울하고 고통스럽습니다.

## 삶이 없는 고민

제가 아는 한 성도는 신앙생활과 자기 자신의 영적상태에 대해 대단히 고민하는 사람이었습니다. 그는 늘 이러한 의문을 토로했습니다. '예수님을 믿고 거듭났음에도 불구하고, 나는 왜 이렇게 서러울까?', '은혜를 누리지 못하는 것도 아닌데, 나는 왜 이렇게 여전히 죄 가운데 있을까?', '나는 왜 이렇게 변화되지 않을까?'

그런데 정말 신기한 것은 진지하게 이런 문제들을 고민하며 괴로워하는데도 불구하고 성화의 삶은 전혀 진전되지 않고 있다는 점이었습니다. 그래서 저는 그가 하는 고민이 자신의 영혼에 대한 진정한 고민이 아니라고 결론 내렸습니다. 그것은 단지 죄와의 갈등일 뿐입니다. 진심으로 아파하며 자신의 불결한 신앙 상태에 대해 고민하고 있다면, 반드시 성화의 삶에 있어서 진전이 있기 때문입니다.

따라서 고민은 많이 하는 듯하나 성화의 진전이 전혀 없다면, 그는 사람들과 모여 이야기할 때만 그렇게 말할 뿐 실제의 삶 속에서는 전혀 고민하지 않는 사람입니다. 평소에는 그럭저럭 고민 없이 살다가, 뭔가 신앙의 문제를 이야기할 기회가 생기면 그제야 비로소 삶이 아닌 머리에서 꺼낸 고민을 말하기 시작하는 사람인 것입니다. 이러한 태도는 또 하나의 위선입니다. 비록 그가 자신의 부족함을 말하고 있다 할지라도, 이것은 자신이 자신의 부족을 인하여 괴로워하는 사람으로 알려지기 원하는 위선입니다. 하나님 앞에 섰을 때는 조금밖에 고민하지 않으면서, 사람 앞에 섰을 때는 아주 많이 고민하는 것처럼 이야기하는 것이기 때문입니다.

참된 성화는 하나님의 은혜를 구하는 갈망과, 우리를 순결하게 하시는 성령의 작용으로 말미암아 이루어지는 것이지, 영웅적인 사고방식을 가지고 떠벌리는 말에 의해서 이루어지는 것이 아닙니다. 따라서 입만 열면 자기 이야기를 폭포수처럼 쏟아 놓으면서, 정작 삶 속에서는 그 말과 전혀 상관없이 살고 있는 그리스도인들의 태도는 모두 겸손을 위장한 외식입니다. 하나님 보시기에 한없이 역겨운 태도인 것입니다.

이처럼 은혜를 받아도 그것을 사고의 영역 속에 가둔 채, 실제로 하나님을 위해서 땀 흘리는 삶이 없다면 그 사람 안에 있는 은혜도 이내 사라지고 맙니다. 은혜를 주셨으면, 그 은혜를 사용하여 하나님을 위해 땀 흘리며 살아가야 합니다. 그래야 받은 바 은혜가 부패하지 않습니다.

신자의 생애에서 하나님을 만난 경험은 얼마나 귀합니까? 늘 들어도 감사하고 은혜가 됩니다. 그러나 삶으로 섬기는 실천이 뒤따르지 않는 은혜 체험에 대한 간증은, 단지 돌아가지 못하는 과거에 대한 회상일 뿐입니다. 성도가 하늘나라에서 받는 상급은 상상 속에서 걸어간 고난의 길이 아니라, 땀과 눈물을 쏟으며 걸어간 삶에 따라 주어지는 것입니다.

## 죄와의 싸움, 그 이상을 위하여

그런데 삶 없이 입술로만 하나님을 추구하는 태도뿐 아니라, 자기만족적 경건 또한 하나님을 슬프게 합니다. 은혜의 체험이 있는 사람들이 빠지기 쉬운 함정 중에 하나는 경건을 자기만족의 수단으로 삼는 것입니다. 이들은 죄와 싸우고 있는 자신의 분투하는 삶을 미화하기 좋아합니다. 물론 일생 동안 자신의 악한 본성에 뿌리 박힌 죄성을 미워하며 그것과 더불어 싸우는 것은 성도의 당연한 의무이고, 매우 아름답고 귀한 일입니다. 깨어 있는 신자가 아니고서는 그렇게 죄와 더불어 싸우며 살아갈 수 없기 때문입니다. 그럼에도 불구하고 우리들이 잊지 말아야 할 사실이 있습니다. 바로 죄와 다투고 있다고 해서, 그가 성도의 의무를 다하고 있는 것은 아니라는 것입니다.

하나님께서 우리에게 은혜를 주신 것은 그 은혜의 작용으로 죄된 본성이 변화되어 보다 거룩한 삶으로 나아가게 하기 위함입니다. 은혜는 신자를 순종의 삶을 살기에 적합하도록 준비시킵니다. 따라서 은혜 받은 영혼에게는 늘 흘러나오는 실천적 삶이 있습니다. 그런데 은혜 체험을 가진 많은 그리스도인들이 성화의 이러한 통전(通全)적 성격을 이해하지 못한 채, 자신의 내면에서 일어나는 여러 가지 갈등 안에 스스로 갇히고 맙니다. 은혜를 주신 하나님의 계획을 따라 섬김으로써 받은 은혜를 흘려 보내지 못하고, 자기 안에 가두어 두고 마는 것입니다. 이 경우 주신 은혜는 부패하고 성화의 진전도 없게 됩니다. 그래서 성경은 다음과 같이 말합니다. "각각 자기 일을 돌아볼 뿐더러 또한 각각 다른 사람들의 일을 돌아보아 나의 기쁨을 충만케 하라"(빌 2:4).

그런데 여기서 우리는 자기 자신을 돌아보는 것이 신앙의 중심축이라는 것을 배웁니다. 은혜를 받은 성도는 먼저 하나님과 자신과의 관계를 돌아보아야 하고, 그 속에서 자기의 부족을 깨닫고 참회하며 하나님의 새로운 은혜를 구하여야 하는 것입니다.

가장 위험한 그리스도인은 하나님과의 개인적인 관계라는 경건한 토대 없이, 단지 교회에서 열심히 일만 하려고 하는 사람들입니다. 그러나 이 글을 읽으며 여러분이 '아, 그럼 나는 교회에서 일도 하지 말아야겠구나. 이번 주에 당장 섬김을 그만두겠다고 목사님께 말씀드려야지.' 하고 결심한다면 그는 더욱 불쌍한 사람입니다. 우리 자신을 망가뜨리는 것은 일이 아니라 하나님 앞에서의 잘못된 태도이기 때문입니다. 일 자체에는 우리를 거룩하게 하거나, 불결하게 하는 영적 효과가 없습니다. 경건의 토대 없이 바르지 못한 태도로 하나님 앞에 서 있기에 섬김도 망가지고, 섬기는 사람도 망가지는 것입니다. 따라서 여러분이 그리스도 없이 단지 일에만 열심을 내고 있다면, 자신을 돌아보고 경건의 토대를 새롭게 하려는 결단을 내려야 합니다.

제가 시무하고 있는 열린교회에서는 매년 여름 '무교회 지역 전도'를 떠납니다. 사실 엄밀한 의미에서 무교회 지역을 찾아가는 것은 아닙니다. 교회가 있기는 하지만, 교회의 힘은 약한데 반해 교회가 감당해야 할 지역은 너무나 넓어 그 교회의 자력으로는 도저히 전도 사역을 감당하기가 힘든 농어촌 지역을 찾아갑니다. 지난 여름에도 많은 지체들이 휴가와 방학을 반납하고 복음을 위하여 헌신하였습니다. 지난 해 저는 그들을 돌아보고, 집회도 인도하기 위해 하루 정도 시간을 내어 그 현장에 찾아갔습니다. 늘 그랬지만 그때도 정말 깜짝 놀라지 않을 수 없었습니다. 그곳에서 다시 만난 지체들의 얼굴이 교회에서 볼 때와는 다르게 신령한 은혜로 빛나고 있었기 때문이었습니다. 교회에서 마주칠 때도 귀하고 아름다운 지체들이었지만, 전도와 섬김의 현장에서 만나 본 그들은 천사와 같이 빛나는 모습이었습니다. 저는 웃으며 그들에게 이렇게 말했습니다. "전도하라고 내려 보냈더니, 오히려 여러분이 더 많이 은혜를 받으셨군요."

우리는 사경회나 기도회에 참석하여 은혜를 받기도 하지만, 받은 바 은혜를 흘려 보내는 섬김의 현장 속에서도 말할 수 없이 놀라운 은혜를 누립니다. 그러므로 하나님을 믿고 은혜를 받았으면서 아무것도 섬기지 않고 있는 것은 하나님 앞에 부끄러운 일인 동시에, 자신의 영혼을 위하여도 매우 우려할 만한 것입니다. 그래서 성경은 말합니다. "그리스도를 위하여 너희에게 은혜를 주신 것은 다만 그를 믿을 뿐 아니라 또한 그를 위하여 고난도 받게 하심이라"(빌 1:29).

하나님의 은혜가 자기를 통해 흘러나와, 섬김으로써 다른 사람에게까지 영향을 미칠 때, 우리는 성령으로 말미암아 보다 깊은 은혜의 세계 속으로 들어갑니다.

## 흘려 보내는 삶

사람들은 흔히 "남의 일에 나서지 말자. 내 할 일이나 잘하자."라고 말하는데, 이것은 성경의 정신이 아닙니다. 그리스도인은 자신의 고유한 섬김의 자리에서 섬길 뿐 아니라, 사랑으로 다른 사람을 돌아보아야 합니다. 삶을 규모 있게 살아야 하지만, 자기뿐 아니라 다른 사람들의 일까지 애정을 가지고 돌아보며 살아야 하는 것입니다.

예수님의 생애를 보십시오. 예수님께서는 병든 자를 고치시고, 주린 자를 먹이시고, 외로운 자를 위로하시고, 무지한 자를 일깨우시며, 소외된 자들의 친구가 되어 주셨습니다. 머리 둘 곳 없는 생애를 사셨지만, 그분은 자신을 필요로 하는 이들이 있는 곳을 적극적으로 찾아 다니셨습니다. 그분의 일생은 우리 같은 죄인들을 돌아보신 생애였습니다.

이처럼 예수님은 자신에 관해서는 거의 관심을 갖지 않고 사셨습니다. 십자가 사랑의 핵심은 자기를 돌보지 않고, 오히려 자기를 주기까지 한없이 베푸는 것입니다. 그래서 우리가 예수님의 사랑의 성품을 경험하고 나면, 자기를 돌아볼 뿐 아니라 다른 사람들까지 돌아보고 싶은 경건한 욕망을 갖게 됩니다. 연약한 지체들을 정성껏 돌봐 주고 싶고, 그리스도의 몸인 교회가 온전케 되도록 몸과 마음을 바쳐 섬기고 싶어지는 것입니다.

봉사와 희생과 섬김의 삶을 살고 있습니까? 다른 사람을 돌아보지 않는 그리스도인의 경건은 자기 안에 갇힌 자기만족적 영성입니다. 이것은 진정한 영성이 아닙니다.

청교도이자 뉴 잉글랜드의 인디언 선교사였던 데이비드 브레이너드(David Brainerd)의 생애를 기록한 책을 보면, 브레이너드가 우울증적 기질이 있다고 오해받을 만큼 하나님과의 관계를 가지고 고민했다는 내용이 나옵니다. 그러나 그는 내면세계에 갇힌 자기만족적 경건을 추구한 이들과는 근본적으로 달랐습니다. 그것은 그가 넘치도록 수고하는 삶을 살았다는 것을 보면 잘 알 수 있습니다. 브레이너드는 스물한 살에 회심하고, 스물네 살에 선교사로 헌신해서, 건강을 돌보지 않는 무리한 사역 끝에 스물아홉 살 꽃다운 나이에 폐결핵으로 죽었습니다. 아메리카 인디언들의 영혼을 끌어안고 땀 흘려 기도하던 그는 종종 눈덮힌 언덕을 붉은 선혈을 토해 물들이기까지 엎드려 간구하였습니다. 이러한 복음 전도자로서 헌신된 삶은, 그의 영성이 자기 안에 갇힌 자기만족적 경건이 아니었음을 입증합니다.

　자신을 돌아보는 삶과 다른 사람을 돌아보는 삶은 언제나 균형을 이루어야 합니다. 하나님께 꼭 붙어 있고 그 관계에서 멀어질까 두려워하는 거룩한 긴장과, 실제적인 삶 속에서 분투하며 섬기는 올곧은 생활이 필요합니다. 세계와 나라와 민족과 교회와 다른 사람들을 위해 넘치도록 헌신하며 살아가는 모습도 가져야 합니다. 십자가의 은혜에 사로잡혔던 데이비드 브레이너드처럼 말입니다. 그의 일기 속에는 이러한 시가 적혀 있습니다.

　　영혼을 주님께 인도할 수만 있다면
　　내가 어디에 있든지 어떻게 살든지 또 무엇을 견디게 되든지
　　나는 관계치 않노라
　　잠을 자면 저들을 꿈꾸고
　　잠을 깨면 첫째 생각이 잃어버린 영혼들이라
　　잃어버린 영혼들이라

> 아무리 박식하고 능란하며
> 또 심오한 설교와 청중을 감동시키는 웅변이 있을지라도
> 그것이 결코 인간의 심령에 대한 뜨거운 사랑의 결핍을
> 대신할 수는 없노라

　십자가 영성의 핵심은 내면주의가 아니라, 우리의 전 존재를 타고 바깥으로 흘러 넘치는 끌 수 없는 사랑입니다. 그래서 성경은 말합니다. "이 사랑은 많은 물이 꺼치지 못하겠고 홍수라도 엄몰하지 못하나니 사람이 그 온 가산을 다 주고 사랑과 바꾸려 할지라도 오히려 멸시를 받으리라"(아 8:7).
　십자가의 공로로 구속함을 얻은 여러분에게 묻습니다. 그러한 사랑이 있습니까? 그러한 사랑으로 섬기고 있습니까?

## 그리스도인의 영적 비만

　안타깝게도 우리는 너무나 자주 우리 안에서 겸손한 섬김의 삶의 결핍을 발견합니다. 현대를 살아가는 우리 그리스도인의 생활 속에서 아낌없이 자신을 주신 예수 그리스도의 모습을 찾기란, 쉽지 않습니다. 물론 지금도 많은 그리스도인들이 온 마음을 다해 주님을 섬기며 살아갑니다. 그러나 더 많은 수의 그리스도인들이 그렇게 섬기지 않으면서 살아갑니다.
　지금 이 순간에도 많은 그리스도인들이 기도합니다. "주님의 사랑을 알

게 해주십시오. 주님의 더 큰 사랑을 체험하게 해주십시오. 주님, 오늘 저를 만져 주십시오." 그러나 그들은 이 기도의 성취를 기도의 자리에서 보려 하지, 치열하게 살아가는 섬김의 현장 속에서 보려 하지 않습니다. 이러한 기도 제목은 기도의 자리에서보다는 뜻을 세우고 마음을 고정한 가운데 하나님과 이웃을 섬기며 살아가는 삶의 현장에서 더 잘 응답된다는 것을 모르는 것 같습니다.

'예수님께서 지금 내 자리에 서 계셨다면 어떻게 하셨을까? 어떤 마음이셨을까?', '이 영혼들을 사랑하셔서 눈물을 흘리시고 계시겠구나. 지금 내가 이 사람의 눈물을 닦아 주는 것은 예수님의 눈물을 닦아드리는 것이리라.' 우리에게는 이런 착한 마음이 필요합니다. 지금 우리 시대 안에서, 내 곁에서 고통 받고 아파하는 사람들 가까이에서 그들을 품고 섬기며 살 때, 그의 영혼에 하나님의 복이 있습니다. 그러므로 섬김을 실천하는 삶의 현장을 갖는 것은 구도(求道)의 삶에 있어서 너무나 중요합니다.

오늘날 우리는 영적인 비만 상태에 있습니다. 오늘날 조국교회의 그리스도인들은 수시로 하나님의 말씀을 접하지만, 그것을 소화하지 못하고, 그래서 자신을 통해 그 말씀의 빛을 드러내지도 못한 채 살아갑니다. 너무나 많은 그리스도인들이 더 크고 신령한 은혜를 사모할 줄 모르며, 하나님의 말씀이 귀한 줄도 모르고 살아갑니다. 그들이 영적 비만의 상태가 된 가장 큰 원인은 그들에게 예수 그리스도의 마음을 느끼는 섬김의 현장이 없기 때문입니다. 글을 쓰는 지금 이 순간에도 젊고, 유능하고, 똑똑하고, 성실하지만 영적 비만의 상태에 빠진 많은 그리스도인들이 생각납니다. 그러므로 이제는 진실한 그리스도인들이 되기를 사모하는 이들이 나

서서 그들을 깨우는 하나님의 도구가 되어야 할 차례입니다. 예수 그리스도의 마음을 품고 눈물 흘리며 섬기는 삶의 현장을 그들에게 보여 주어야 하는 것입니다.

사실 자기 홍보에 익숙해져야 하는 시대를 살아가는 사람들에게 이름 없이 빛도 없이 사는 섬김의 삶은 어리석게 느껴질지 모릅니다. 그러나 그러한 삶이 바로 예수님께서 사셨던 삶이며, 우리의 수많은 신앙의 선배들이 추구했던 삶입니다. 우리가 흔히 부르는 "세상 부귀 안일함과 모든 명예 버리고 험한 길을 가는 동안 나와 동행하소서."라는 찬양과 같은 삶이야말로, 진정 우리가 살아가야 할 삶인 것입니다.

사랑하는 여러분! 십자가에 대한 현재적인 체험을 가지고 있습니까? 여러분에게 십자가의 감격이 아득한 추억이 되어 버렸다면, 그것은 여러분의 삶이 예수 그리스도의 모본을 좇는 삶에서 너무나 멀어져 있음을 의미합니다. 우리는 예수 그리스도의 마음을 품고, 이름 없이 빛도 없이 사는 삶을 통해 그리스도와 함께 죽는 것이 무엇인지를 배우게 됩니다. 그리고 죽음을 이기고 예수 그리스도와 함께 부활하는 것이 무엇인지도 배우게 됩니다.

그런데 그리스도의 십자가에 대한 현재적인 경험은 영적인 것이어서 매우 유동적이고 가변적입니다. 따라서 이것은 단단한 그릇에 담겨야 하는데, 그것을 담는 그릇이 바로 올곧은 의무의 실천입니다. 우리에게 생명을 주신 예수님의 정신에 입각한 섬김의 삶, 그것이 바로 십자가에 대한 현재적인 체험을 보존하는 용기인 것입니다.

예수 그리스도의 마음을 느끼며 살아가는 치열한 삶의 현장이 없는 것은, 말랑말랑한 은혜의 속살을 전쟁터와 같은 이 세상에 그대로 드러내 놓고 살아가는 것과 다를 바 없습니다. 단 한 대의 죄의 화살로도 은혜의 체험이 사라질 수 있는 것입니다.

## 예수님의 마음이 없기에

요즘 저는 제 자신과 성도들의 삶을 돌아보면서 너무나 마음이 아픕니다. 우리 모두 부족한 것이 없는 신앙생활에 익숙해져 있기 때문입니다. '이름 없이 빛도 없이'라는 섬김의 정신에서 우리는 너무나 많이 멀어져 가고 있습니다.

어느 날, 교회의 넓은 공간을 청소하기에는 섬기는 사람들이 너무 부족하다는 보고를 들었습니다. 이러다가는 돈을 주고 청소부를 불러 와야 할지도 모르겠다는 관리실 직원의 보고를 들으니 병든 저의 목회를 보는 것 같아 마음이 쓰라렸습니다. 그래서 어느 주일, 설교를 하며 심각하게 문제를 제기했습니다. "여러분! 우리가 누구입니까? 하나님 앞에 우리가 고급 인력입니까? 하나님 앞에서 우리는 낮고 천한 종입니다. 하나님께서 우리를 자녀로 불러 주셨지만, 우리는 왕의 자녀로 행세하며 살아야 할 사람들이 아니라 스스로 자신을 낮추어 노예처럼 섬기며 살아야 할 사람들입니다. 이 교회는 우리 하나님의 집이며, 우리가 예배드리고 은혜 받는 장소입니다. 그런데 이 예배당을 자원하는 마음으로 청소할 사람이 없어, 청소부들을 불러야 하겠습니까?"

이 설교에 은혜 받은 많은 성도들이 필요에 넘치도록 이 일을 위해 섬겨 주었습니다. 지금은 주말이 되면 성도들이 돌아가며 청소에 참여합니다. 물론 누가 교회를 청소하느냐 하는 것은 그리 중요한 문제가 아닐 수도 있습니다. 그러나 은혜 받는 자리인 자신의 교회에서조차도 험한 일을 하지 않으려는 사람들이, 세상에 나가서 얼마나 헌신하며 살 수 있겠습니까?

이름 없이 빛도 없이 산다는 것, 이것은 결코 쉬운 일이 아닙니다. 그러나 이렇게 사는 것만큼 예수님의 마음을 깊이 느낄 수 있는 비결은 없습니다. 이것이 바로 예수 그리스도께서 사셨던 삶이기 때문입니다.

## 진리가 뼛속까지 스며들 때

성경은 말합니다. "너희 안에 이 마음을 품으라 곧 그리스도 예수의 마음이니"(빌 2:5). 예수 그리스도의 마음을 품어야 아무 일에든지 다툼이나 허영으로 하지 않고, 겸손한 마음으로 자기보다 남을 낮게 여기며 섬길 수 있습니다.

그러면 어떻게 해야 예수 그리스도의 마음을 품을 수 있을까요?

예수 그리스도의 마음을 품기 위해서는 진리를 깨닫고 즐거워하는 것 이상의 무엇이 필요합니다. 우리는 깨달은 진리가 뼛속까지 깊이 스며들어서 우리의 존재를 변화시키고, 우리 중심의 마음을 버리게 할 때 비로소 예수 그리스도의 마음을 품을 수 있는 존재들입니다.

말씀을 듣고 깨닫는 것은 달콤한 즐거움을 가져다 주기도 합니다. 그러나 그것은 잠시 머리에 머물 때의 이야기입니다. 그것이 뼛속 깊이 스며들어 자기만을 위하는 이기심을 십자가에 못박고, 마음에 예수 그리스도의 정신을 심기 위해서는 반드시 깨어짐의 고통이 뒤따릅니다. 이러한 경험을 사도 요한은 다음과 같이 고백하였습니다. "내가 천사의 손에서 작은 책을 갖다 먹어 버리니 내 입에는 꿀같이 다나 먹은 후에 내 배에서는 쓰게 되더라"(계 10:10).

하나님의 말씀을 많이 듣지만, 섬기는 삶이 없다면, 그것은 깨달은 말씀에 대한 배신입니다.

여러분! 토요일 저녁이나 주일 저녁에 여러분의 교회를 방문해 보십시오. 땀을 비 오듯 흘리며, 보이지 않는 곳에서 헌신하고 있는 지체들을 만나게 될 것입니다. 한 사람이 편안히 예배를 드리기까지, 이름 없이 빛도 없이 섬기는 수많은 지체들의 눈물과 땀이 있습니다.

고단하고, 힘들게 섬기는 것이 싫습니까? 그저 누리기만 하며 살고 싶습니까? 언제까지 예수님의 마음을 품은 사람들의 수많은 섬김 위에서 단지 누리기만 하며 살아가겠습니까?

여러분이 사회적으로 어떤 지위를 가진 사람들인지, 이 세상에서 평판이 어떠한지 하는 것은 그렇게 중요한 문제가 아닙니다. 분명한 사실 하나는 이것입니다. 여러분 중에 하나님을 위해 이름 없이 빛도 없이 섬기며 살기에 너무나 고급 인력인 사람은 아무도 없습니다.

생각해 보십시오. 하나님 앞에서 우리는 모두 그저 용서받은 죄인일 뿐입니다. 우리가 가지고 있는 모든 재능은 그분이 주신 것이고, 우리가 가지고 있는 모든 재물도 하나님께서 선물로 주신 것들입니다. 이렇게 살아 있는 것조차도 말입니다.

귀 기울여 성령의 탄식하시는 소리를 들어 보십시오. 우리의 안일한 신앙생활이 부끄럽지 않습니까? 털끝만큼도 손해 보지 않으려 하는 자기중심적 신앙생활이 여전히 좋아 보입니까? 자신을 모두 바쳐 섬기는 그곳에 하나님의 음성이 들리고 정결함이 싹틉니다.

자신을 정직하게 돌아보십시오. 우리는 그 동안 새털같이 많은 날을 살았습니다. 그런데 예수님 한 분만을 위해서 산 날은 얼마나 됩니까? 예수 그리스도를 위해서 고난 받은 흔적이 우리에게 있기는 있습니까?

우리는 언제쯤 사도 바울의 이러한 고백에 동참할 수 있을까요? "이후로는 누구든지 나를 괴롭게 말라 내가 내 몸에 예수의 흔적을 가졌노라" (갈 6:17).

18세기 위대한 설교자 조지 횟필드(George Whitefield)는 종종 자신이 회심한 예배당을 찾아가 자기가 앉았던 의자에 입을 맞추었다고 합니다. 그는 자기의 죄를 회개하고 주님을 믿게 된 회심의 순간을 회상하면서 예수 그리스도만을 위해 살기로 다짐했습니다. 우리가 회심한 의자는 어디 있습니까?

제2장 **섬김의 기초**

# 구원, 사랑으로 섬기게 하는 힘

"한 여자가 매우 귀한 향유 한 옥합을 가지고 나아와서
식사하시는 예수의 머리에 부으니"

마태복음 26장 7절

# 구원, 사랑으로 섬기게 하는 힘

나 같은 죄인 살리신 주 은혜 놀라와

잃었던 생명 찾았고 광명을 얻었네

    이 유명한 찬송을 작사한 존 뉴턴(John Newton)은 1725년, 영국에서 태어났습니다. 뉴턴의 어머니는 경건한 그리스도인으로서, 아들이 목사가 되기를 원하였습니다. 그러나 뉴턴이 여섯 살 되던 해 그의 어머니는 세상을 떠났고, 선원이었던 그의 아버지는 이듬해에 재혼하였습니다. 그런 일 있고 난 후 어린 뉴턴의 행실은 점차 삐뚤어지기 시작했습니다.

    그러나 사악한 행동을 낙으로 삼으며, 잠시도 욕설이 그치지 않았던 그에게도 하나님의 때가 이르렀습니다. 당시 아프리카에서 잡아 온 노예들을 사다가 파는 노예상이었던 그는, 무역을 끝내고 고향으로 돌아오는 길에 큰 폭풍우를 만나게 되었습니다. 배가 파선되는 위급한 상황 속에서 그는 자신도 모르게 "주여, 우리에게 자비를 베푸소서."라고 기도했습니다. 그는 임박한 죽음 앞에서 성경말씀을 떠올리며, 죽음과 함께 맞게 될 자신의 영혼의 종말을 두려워하였습니다. 그는 자신의 지난 악행에 대한 죄책감으로 하나님께서는 자신을 용서하지 않으실 것이라는 두려움 속에서 떨었습니다. 그러한 두려움은 뉴턴으로 하여금 최악의 상황을 생각하며 자포자기하게 하였습니다.

그러나 놀랍게도 그의 기도는 응답되었고, 폭풍은 호전되었습니다. 그가 탄 배는 파선의 위험을 가까스로 모면하고 죽음의 위협에서 벗어날 수 있었습니다. 뉴턴은 이 사건을 통하여 하나님이 여전히 살아계시며 자신을 기억하고 계시다고 믿게 되었습니다. 믿음을 갖게 된 그는 더욱 간절히 하나님께 기도하였고, 결국 그가 탄 배는 표류한 지 4주만에 극적으로 구조되었습니다.

이 사건을 통해서 뉴턴은 어떠한 죄인이라도 용서하시는 하나님의 은혜를 경험하였습니다. 그리고 그것을 계기로 그리스도를 구주로 영접하고, 그 은혜와 사랑을 전하는 사람이 되었습니다.

그의 나이 팔순이 넘었을 때, 뉴턴의 건강을 염려한 주위 사람들은 그에게 힘든 공중설교를 그만두도록 권하였습니다. 그러자 그는 이렇게 말하였습니다. "그럴 수 없습니다. 나는 설교하기를 멈출 수 없습니다. 아니, 어떻게 옛 아프리카에서 하나님을 모욕하던 그 더러운 인간이, 아직 입술을 움직일 수 있는데, 어찌 그분의 은혜를 말하지 않을 수 있다는 말입니까?"

존 뉴턴은 나이가 들면서, 그의 기억력도 점점 감퇴되어 갔습니다. 그러나 그는 늘 입버릇처럼 이렇게 말하였습니다. "다른 것은 다 잊어버려도, 내가 죄인이었던 것과 죄에서 구원받았다는 것 두 가지는 결코 잊어버리지 않습니다."

그는 운명하면서, 자신의 묘비에 다음과 같은 글귀를 적어 달라고 부탁하였습니다. "한때 이교도였으며, 탕자였고, 아프리카 노예상이었던 존 뉴턴은 우리 주 예수 그리스도의 풍성하신 긍휼로 말미암아 용서받고, 크게 변화되어, 마침내 성직자가 되었으며, 자신이 그토록 오랫동안 부인했던 바로 그 믿음을 전파하며 버킹검에서 16년, 올니교회에서 27년간을 섬겼다."

## 참된 섬김의 출발, 구원의 감격

성경 본문에서 우리는 한 여인을 만납니다. 그 여인은 정말 이름 없이 빛도 없이 주님을 섬겼던 여인입니다. 예수님께서는 이 여인의 섬김에 감동을 받으셨고, 크게 칭찬하셨습니다. "내가 진실로 너희에게 이르노니 온 천하에 어디서든지 이 복음이 전파되는 곳에는 이 여자의 행한 일도 말하여 저를 기념하리라"(마 26:13). 이는 그리스도의 구속으로 말미암은 용서의 은혜가 경험되는 곳에서는 항상 예수 그리스도께 대한 사랑의 섬김이 있을 것임을 말씀하신 것입니다.

그러면 대체 이 여인의 섬김이 어떠한 섬김이었기에, 예수님으로부터 그러한 놀라운 칭찬을 듣게 된 것일까요?

　우리는 성경의 증언을 통해, 이 여자의 섬김이 자신을 모두 바친 섬김이었음을 알게 됩니다. 이 여인이 식사하시는 예수 그리스도께 부은 향유는 당시에 재산 축적의 수단으로 쓰이던 재물이었습니다. 요즘의 금이나 은같이, 언제든지 마음만 먹으면 시장에 가지고 나가 현금으로 바꿀 수 있는 유동성 있는 재화였던 것입니다. 많은 성경학자들은 이 여인이 창녀나 기생이었을 것이라고 추측합니다.[1] 이 여인의 처지에 비춰 본다면, 그녀에게 푼푼이 모아 둔 이 향유는 분명히 단순한 재산 이상의 의미가 있는 물질이었을 것입니다. 사람들의 멸시와 천대 속에서 하루하루 웃음을 팔아 살아가는 그녀에게, 조금씩 늘어가는 향유는 인생의 유일한 낙이요, 미래의 희망이었을 것이기 때문입니다. 어쩌면 그 여인은 이렇게 모은 향유를 팔아서 이웃에게 멸시받는 비천한 직업을 버리고 새로운 삶을 꿈꾸었을지도 모릅니다. 그런데 예수 그리스도를 만난 이 여인은 놀랍게도 자신의 인생의 꿈과 한 맺힌 눈물이 서린 그 향유를 그분께 모두 바쳤습니다. 그녀가 예수 그리스도께 향유를 부었을 때, 그것은 자기 자신을 그분께 모두 바친 것이었습니다.

　무엇 때문이었을까요? 무엇 때문에 그녀는 자신의 생명과도 같은 향유

---

1) 향유를 부은 사건의 병행기사로 여겨지는 다른 복음서에서는 이러한 사실을 암시하듯이 이 여자를 '죄인'이라고 지칭하거나 의미하는 구절이 세 번이나 반복해서 나타난다. 이는 일반적인 의미에서의 죄인이 아니라 특별한 죄인임을 보여 주는 것이다. "그 동네에 죄인인 한 여자가 있어 예수께서 바리새인의 집에 앉으셨음을 알고 향유 담은 옥합을 가지고 와서"(눅 7:37). "예수를 청한 바리새인이 이것을 보고 마음에 이르되 이 사람이 만일 선지자더면 자기를 만지는 이 여자가 누구며 어떠한 자 곧 죄인인 줄을 알았으리라 하거늘"(눅 7:39). "이러므로 내가 네게 말하노니 저의 많은 죄가 사하여졌도다 이는 저의 사랑함이 많음이라 사함을 받은 일이 적은 자는 적게 사랑하느니라"(눅 7:47).

를 그리스도께 모두 부어 버릴 수 있었을까요? 그것은 그녀 안에 있는 새로운 기쁨 때문이었습니다. 자기와 같은 더러운 죄인을 용서하시는 하나님의 사랑을 예수 그리스도를 통해 경험하였기 때문입니다.

또 다른 병행기사로 여겨지는 요한복음 12장의 보도로 추측해 볼 때에, 이 여인과 예수 그리스도와의 만남은 처음이 아니었던 것이 분명합니다. 그녀는 이전에 이미 예수 그리스도를 만나 복음을 들었고, 자신의 죄를 용서하시는 사죄의 은혜를 경험한 것으로 여겨집니다. 이 여인이 자신의 소유의 전부와 맞먹는 거금을 주고야 살 수 있을 만큼의 향유를 그분께 부은 것도 바로 그때문이었습니다.

예전에는 어떻게 해서든 재물을 모아 현재의 비참한 처지에서 벗어나고 싶다고 생각하였을 이 여인이, 예수 그리스도를 만나 죄 사함을 경험하고 나자 가치관이 완전히 바뀌게 되었습니다. 비참한 처지에 있는 자신의 구원이 삶의 환경의 개선이나 물질을 통해 이루어지는 것이 아님을 깨닫게 되었습니다. 따라서 그녀가 자신의 모든 재산이었을 향유를 부은 이 사건은 자신의 인생의 최종적인 희망은 예수 그리스도뿐이라는 고백이었습니다.

이 여인이 값비싼 향유를 예수 그리스도께 부어 드렸던 것은 이러한 자신의 행동에 대한 칭찬이나 보상을 위한 것이 아니었습니다. 그것은 그녀에게 베풀어 주신 놀라운 용서의 경험과 구속의 감격으로 말미암은 것이었습니다. 그리고 이러한 구원의 감격이야말로 모든 섬김의 기초입니다.

오늘날 우리에게 부족한 것이 바로 이 감격입니다. 자신이 다만 용서받은 죄인일 뿐이라는 사실을 안다면, 그리고 섬기도록 자신을 세워 주신 용서의 은혜가 분에 넘치도록 과분한 것임을 안다면 그는 마음을 다하여 섬기지 않을 수 없을 것입니다. 왜냐하면 예수 그리스도로부터 받은 사랑에 대한 감격이 그를 섬기지 않도록 내버려 두지 않을 것이기 때문입니다. 사랑은 이처럼 역사하는 힘입니다.

따라서 참된 섬김은 언제나 이런 고백을 동반합니다. "하나님께서 나 같은 죄인을 용서하셔서 하나님의 교회와 세상을 섬기게 하셨으니, 이것은 감당할 수 없는 은혜입니다."

그런데 안타깝게도 우리 주위에는 이렇게 구원의 감격에 사로잡혀 섬기는 일꾼들보다 일에 대한 야심에 사로잡힌 사람들이 많습니다. 그리고 더 많은 사람은 그러한 야심도 없이 그럭저럭 살아갑니다. 그래서 그들의 영적 생활은 활기가 부족하고 열렬함도 없습니다. 신앙의 모양은 남아 있지만, 그 속에 정작 깃들어야 할 독특한 영적 생명은 사라진 무미건조한 종교생활을 이어가고 있는 것입니다.

자신이 하나님의 일을 하는 사람이라는 허황된 자부심을 가진 사람들은 진정으로 섬기는 자일 수 없습니다. 자신이 하나님을 섬기고 있다는 사실에 대해 우월감을 느끼는 것은, 자신이 하나님의 일꾼이기 전에 단지 용서받은 죄인임을 잊고 있기 때문입니다. 때때로 그들은 이렇게 생각합니다. "나는 하나님의 일꾼이다. 지금 하나님의 일을 하고 있다. 따라서 모든 사람들은 나를 도와야 한다. 내가 지금 하나님의 일을 하고 있기 때문에, 나를 힘들게 하거나 일에 방해가 되는 사람들은 모두 하나님께 거치는 사람들이다."

그러나 이것은 아주 잘못된 생각입니다. 우리는 종종 섬김을 통해 보다 좋은 신앙을 갖게 된 사람들을 만나게 되는데, 사실 우리의 신앙을 성숙하게도 하고 물러나게도 하는 것은 섬김 자체가 아니라 섬기는 태도입니다. 섬김을 대하는 믿음과 자세가 하나님과 우리와의 관계에 영향을 미치고, 그것에 의하여 우리가 거룩해지기도 하고 타락하기도 하는 것입니다.

## 신적 강제력과 섬김

따라서 하나님께서 맡겨 주신 섬김을 감당하고 있는 모든 사람들은 하나님의 일꾼으로 자처하기 전에 먼저 자신이 아무것도 아닌, 단지 용서받은 죄인에 불과하다는 인식을 가져야 합니다. 섬기도록 부름을 받은 성도에게는 자신을 높이는 어떠한 자부심도 악한 것입니다.

회심한 후 일평생을 섬기는 자로 살았던 사도 바울의 고백을 들어 보십시오. "내가 복음을 전할지라도 자랑할 것이 없음은 내가 부득불 할 일임이라 만일 복음을 전하지 아니하면 내게 화가 있을 것임이로라"(고전 9:16). 그는 일평생 복음을 전하고 영혼을 섬기는 자로 살았습니다. 그의 소명의 핵심은 '신적 강제력'(divine enforcement)이었습니다.

김세윤 박사는 사도로서의 섬김의 소명 안에 있는 신적인 강제력을 다음과 같이 설명합니다. '바울은 자기가 그리스도에게 '잡힌 바' 되었다고 느꼈으며(빌 3:12), 복음을 전해야 한다는 처절한 신적인 강권하에 있었다(고전 9:16). 바울이 되기 전 사울은 그리스도의 원수로 행동했으나, 그리스도께서는 그를 잡아 종으로 삼으셨으며(롬 1:1, 갈 1:10, 빌 1:1), 그에게 복음 전파의 사명을 맡기셨다. 이제 그 후부터 바울은 그의 주되신 예수 그리스도로부터 끊길 수가 없었고, 복음을 전할 숙명(宿命)을 떨쳐 버릴 수 없었다. 그래서 바울은 '헬라인이나 야만인에게 빚진 자'로 있었다(롬 1:14)."[2]

사도 바울로 하여금 그러한 신적인 강제력 속에서 섬기게 하였던 것이 무엇이었을까요? 그것은 바로 구원의 감격이었습니다. 자신의 고백과 같이 죄인 중에 괴수인 자기를 위해 그리스도를 보내어 살리는 하나님의 사랑에 대한 감격이었습니다.

지금 여러분에게 구원의 은혜에 대한 현재적인 감격이 있습니까? 여러분의 마음속에서 구원의 은혜에 대한 현재적인 감격이 유지되고 있는 동안에는 '나는 하나님의 일꾼이다.' 하는 생각이 자신의 사명에 더욱 충성하도록 만들 뿐 아니라, 다른 사람들 앞에서 자신을 더욱 겸비하게 낮추는 동기가 됩니다. 그러나 그리스도의 구속의 은혜에 대한 감격 없이 소유한 '나는 하나님의 일꾼이다.' 라는 인식은 헛된 자부심으로 작용하여 그를 교만하게 만들 뿐입니다.

그리스도를 사랑하고 있다면, 그는 무슨 일을 하든지 그리스도를 섬기는 중입니다. 그러나 그러한 사랑이 없다면 그는 무슨 일을 하든지 단지 일하고 있을 뿐입니다. 따라서 자기를 구원하신 하나님의 사랑에 목메이는 감격이 없다면, 그에게서 예수 그리스도의 마음이 깃든 섬김을 기대할 수 없습니다. 그가 비록 섬기고 있다 할지라도 그는 어찌하든지 거기서 자신을 높이려 할 것이며, 겸손히 하나님의 뜻을 이루기보다는 자신의 야

---

[2] 김세윤. 「바울 복음의 기원」(서울 ; 도서출판 엠마오, 2001), p.110.

심을 이루려 할 것입니다. 죄가 역사하는 무대만 세상에서 교회로 달라졌지, 아무것도 본질적으로 바뀐 것이 없는 것입니다.

참다운 섬김은 하나님의 사랑으로 다시 태어나 그리스도로 말미암은 구원의 감격 안에서 살아가는 성도들을 통하여 이루어집니다. 세상은 넓고 주님을 위하여 섬겨야 할 일은 너무나 많습니다. 그런데도 너무나 많은 그리스도인들이 시작은 섬김으로 출발했으나 다만 일로써 끝을 맺습니다. 처음에는 아무리 작은 일이 맡겨지더라도, 자신이 하나님께 쓰임 받을 수 있다는 사실 하나에 감격해 하며 하나님을 사랑하는 마음으로 그 일을 감당해 나가려 합니다. 그런데 시간이 지나면 지날수록, 처음의 순수함은 잃어버리게 되고 심령은 굳어지고 마음은 교만해지곤 합니다.

아아, 누가 이러한 위험으로부터 자신은 자유로울 수 있다고 단언할 수 있겠습니까? 우리 안에 남아 있는 부패한 본성은 육체의 일을 도모할 때에만 역사하는 것이 아니라, 하나님을 섬기는 실천 안에서도 역사합니다. 그래서 올바른 방식으로 하나님을 섬겨 영혼의 유익을 얻지 못한다면, 오히려 이로 인하여 생각은 미혹에 빠지고 마음은 굳어지기 쉽습니다. 하나님의 일을 하면서 토하게 되는 불평이나 불만, 혹은 그릇된 자존심을 내세우는 것 같은 행동이 바로 이러한 일의 증거입니다.

이러한 마음의 작용과 행동들은 모두 우리가 한 가지 사실을 잊어버렸기 때문에 생겨 난 것입니다. 우리가 잊어버린 고백은 이것입니다. "나는 원래 하나님을 거스르며 살던 쓸모없는 죄인이었는데, 그리스도의 보혈로 값 없이 나를 용서해 주셔서 이 세상 한 모퉁이에서 섬기며 살게 해주셨다."

따라서 우리는 교회 안에서나 밖에서 단지 많은 일을 하고 있다는 것에 스스로 만족해서는 안 됩니다. 여기저기서 많은 일을 하고 있음에도 불구하고, 그리스도를 닮아가지 않는 그리스도인들이 생각보다 훨씬 많습니다.

## 구원의 감격이 사라졌을 때의 섬김

그런데 여기서 한 가지 의문이 떠오릅니다. 구원의 감격이 없이 섬기는 것이 진정으로 하나님을 섬기는 것이 아니라면, 그런 감격을 현재적으로 누리지 못하는 사람들은 모두 섬기기를 그만두어야 하는가 하는 것입니다.

실제로, 저는 그러한 질문을 자주 받습니다. "모든 섬김의 동기가 하나님을 향한 진실한 사랑이라고 했는데, 지금 제게는 그러한 사랑이 없습니다. 처음 섬김을 시작할 때만 해도 십자가에 대한 현재적인 감격이 제 마음 속에 가득했었는데, 지금은 모두 사라졌습니다. 그런데도 제가 계속 섬겨야 하나요? 이제 모든 섬김을 그만두고 제 영혼부터 챙겨야 하지 않을까요?"

과연 그 사람이 그렇게 모든 섬김을 버리면 잃어버린 구원의 감격이 다시 회복될까요? 그렇지 않습니다. 이들의 문제는 일이 아니라, 섬김을 받으시는 하나님과의 관계입니다. 하나님께서 맡겨 주신 일을 버리는 것이 하나님과의 관계를 개선해 보려는 시도일 수 있을까요? 일이 많아서 하나님과의 관계가 소원해진 것이 아니라, 하나님과의 관계가 소원해졌기에 일이 버거웠던 것이 아닙니까?

지금 여러분이 스스로를 구원의 감격이 없이 섬기고 있는 바리새인 같은 사람이라고 생각한다면, 섬기기를 그만둘 것이 아니라 마음의 시선을 모아 하나님의 임재를 응시하십시오. 여러분에게 문제가 되고 있는 것은 섬기는 '일'이 아니라, 섬기는 사람인 여러분 '자신'입니다. 모든 섬김을 마음으로부터 행하지 않으며 하나님을 앙망하지 않는 여러분의 태도가 문제입니다. 반성하고 나무라야 할 것은 여러분의 섬김이 아니라 바로 여러분 자신입니다.

구원의 감격이 없이 섬기고 있어서 마음이 찔립니까? 그래서 섬김을 그만두려고 합니까? 그것은 마치 거울에 비친 자신의 더러운 모습을 보고 용모를 고치는 대신에 거울을 집어 던지는 것과 같습니다. 그렇게 해서는 안 됩니다.

이에 대하여 청교도 존 플라벨(John Flavel)은 다음과 같이 옳게 지적하였습니다. "성도가 구속의 감격을 잃어버리고 사는 것은 자기 안에 죄 죽임이 없기 때문이다."

문제는 섬기는 일이 그 사람을 곤고하게 하고 있는 것이 아니라, 그 안에 죄를 죽이는 신령한 은혜의 작용이 없기 때문입니다. 그래서 어거스틴(A. Augustinus)은 자신의 탁월한 저작 『참된 종교』(De Vera Religione)에서 다음과 같이 피력하였습니다.

"그러므로 만약 그분에 의하여, 그분을 통해서, 그리고 그분을 향하여 창조된 영혼이 자기의 창조주를 섬긴다면, 다른 모든 것들이 그를 섬길 것이다. 그러면 영혼에 그토록 가깝고 그의 도움인, 그리고 그것을 통하여 육체를 지배하는 그 궁극의 생명도 그렇게 할 것이다. 또한 인간의 종국(終局)의 본성이자 존재인 육체까지도 자유의지에 양보하여 지배당할 것이니, 육체에 대하여 어떠한 불편도 느끼지 못할 것인데, 왜냐하면 이제는 육체로부터 육체를 통하여 행복을 찾지 않을 것이고, 오히려 하나님으로부터 영혼 자체를 통하여 행복을 취할 것이기 때문이다."[3)]

이러한 사상은 칼빈(John Calvin)에 의해서도 주장됩니다. 그는 신자가 자기 안에 있는 죄를 죽이는 가장 훌륭한 방법 가운데 하나로서 '십자가를 지는 것'(cross-bearing)을 말하였습니다. 여기서 그가 말하는 십자가는 하나님께서 신자를 거룩하게 성숙시키기 위하여 사용하시는 모든 환란과 고통을 가리킵니다. 따라서 하나님께서 우리에게 맡겨 주신 섬김의 자리에서 그 목적을 이루기 위하여 당하는 시련과 괴로움 역시 십자가입니다. 신자가 그러한 십자가를 믿음으로 잘 감당하게 될 때 성령께서 그를 도우십니다. 그리고 그렇게 함으로써 그 사람 안에 있는 은혜는 강화되고 죄는 죽기 시작합니다.

신자 안에 있는 구원의 감격은 섬김 자체가 가져다 주는 것이 아니라 이렇게 십자가를 짊으로 인해 죄가 죽음으로써 옵니다. 그러므로 신자가 구원의 감격을 유지하며 살기 위해서는, 자신의 섬김이 어렵고 힘들더라도 고난당하신 예수 그리스도를 생각하며 그분의 고난에 동참하는 믿음

---

3) "Et ideo rationalis anima si creatori suo seruiat, a quo facta est et per quem facta est et ad quem facta est, cuncta ei cetera seruient, et uita ultima, quae tam uicina illi est et est adiutorium eius, per quod imperat corpori, et ipsum corpus, extrema natura et essentia, cui omnimodo cedenti ad arbitrium dominabitur nullam de illo sentiens molestiam quia iam non ex illo nec per illud quaeret beatitudinem, sed ex deo per se ipsam percipiet." Avrelii Avgvstini, *De Vera Religione*, in *Corpvs Christianorvm Series Latina Avrelii Avgvstini Opera*, (Tvrnholti Typographi Brepols Editores Pontificii, 1962), pp. 241-242

으로 종의 본분을 다해야 합니다. 그러한 실천 속에서 신자 안에 내재하는 죄는 죽어 갈 것이며, 구원의 감격은 회복되고 유지될 것이기 때문입니다.

## 최선의 것을 드리는 섬김

구원의 감격은 이 여인으로 하여금 예수 그리스도밖에는 사랑하는 것이 없도록 만들었고, 그 사랑은 이 여인으로 하여금 최선의 것을 드려 섬기게 만들었습니다. 그래서 그녀는 자신이 가진 최선의 것인 값비싼 향유를 예수 그리스도께 부어 드렸습니다.

사랑에 빠진 사람에게 가장 고통스러운 것은, 사랑하는 이에게 좋은 것을 주고 싶은데 아무것도 줄 것이 없는 것입니다. 이것은 사랑에 빠져 본 경험이 있는 사람이라면 누구나 아는 사실입니다. 사랑하는 사람을 위해 아무것도 해주지 못하는 것은 스스로를 위해 아무것도 소유하지 못하는 것보다 몇 배는 더 아픈 일입니다.

주후 110년경, 이그나티우스(Ignatius)라는 경건한 교부가 있었습니다. 당시 그는 로마의 부도덕을 공격한 죄로 감옥에 갇혀서 사형을 기다리고 있었습니다. 그를 아끼던 제자들은 열심히 구명 운동을 벌였고, 이그나티우스는 믿는 사람들은 물론이거니와 믿지 않는 사람들에게도 존경받는 인물이었기에, 그의 사형 문제는 곧 사회적인 논쟁거리가 되었습니다. 그리하여 이그나티우스 같은 인물을 죽이는 것은 로마를 위해서도 너무나 안타까운 일이라는 여론이 조성되었고, 시민들은 그를 살려 달라고 나라에 탄원을 하였습니다. 조금만 더 분위기가 무르익으면 그의 구명도 가능할 듯 보였습니다. 그런데 그때, 이그나티우스는 서머나에서 자신의 구명 운동을 하고 있던 로마의 그리스도인들에게 다음과 같은 편지를 보냈습니다.

"나는 여러분에게 탄원합니다. 나에게 합당치 않게 친절하지 마십시오. 이 고난을 통하여 나의 육신이 맹수들을 위한 먹이가 됨으로 내가 하나님께 가도록 도와주십시오. 나는 하나님의 손에 있는 한 줌의 밀알로서, 맹수들의 이에 갈려 그리스도의 순전한 떡이 될 것입니다. 세상이 더 이상 나의 몸을 보지 못할 그때, 나는 진실로 예수 그리스도의 제자가 될 것입니다. 이로써 내가 나의 최선의 것을 드려 하나님을 위한 희생제물이 되도록 주님께 기도해 주십시오."

경건한 사람 이그나티우스는 자신이 처한 상황에서, 자신에게 있는 최선의 것을 하나님께 드리기를 원하였습니다. 그것은 바로 자신의 생명이었습니다. 물론 그에게도 자신의 생명을 내어 놓는 것은 두려운 일이었을 것입니다. 그러나 그는 순교의 제단에 자신을 눕히는 것이, 사랑하는 하나님께 최선의 것을 드리지 못한 채 남은 생애를 후회 속에서 사는 것보다 행복한 것임을 믿었습니다. 그래서 그는 기쁨으로 하나님께 자신의 최선의 것인 생명을 드렸습니다.

사랑하는 여러분! 하나님께 최선의 것을 드리고 있습니까? 최선의 섬김으로 하나님을 기쁘시게 하고 있습니까? 매일 드리는 섬김 속에 마음도 그분께 바치고 있습니까? 그래서 개별적인 섬김 속에서 마음의 불결이

씻겨지고, 여러분 안에 있는 예수 그리스도의 생명이 새로워지고 있습니까? 섬기면 섬길수록, 일이 아니라 섬김을 받으시는 주님을 더욱 사랑하게 되는 은혜의 작용들이 계속되고 있습니까? 섬길수록 쓸모없는 죄인을 불러 주신 하나님의 은혜에 대한 감사가 넘쳐 납니까?

남들에게 알려진 나의 평판이나 체면이 섬김의 동기가 되어서는 안 됩니다. 단지 맡은 바 직분에 대한 부담이 유일한 섬김의 동기가 된다면 그것은 또 얼마나 불행한 일입니까? 그런 동기로는 우리의 최선의 것을 드려 하나님을 섬길 수 없습니다. 의무로 하나님께서 맡겨 주신 일을 행하는 것은 올바른 섬김이 아닙니다. 하나님께서 언제 우리에게 이렇게 말씀하셨습니까? "내가 너를 구원해 줄 터이니, 주일학교 교사로 봉사하거라." 혹은 "너를 자녀 삼아 줄 터이니, 식당 봉사 하거라."

우리가 하나님을 섬기고 성도를 위해, 이웃을 위해 섬기는 것은 그것을 해야 할 의무가 있어서가 아니라, '나 같은 죄인 살리신' 주님의 은혜에 대한 감사 때문이 아닙니까? 그 강권하시는 사랑 때문에 우리가 살아도 주를 위하여 살고 죽어도 주를 위하여 죽을 수밖에 없는 자가 되었습니다.[4] 그러므로 우리의 가장 큰 고민은 섬김의 의무감이 없는 것이 아니라, 온 마음으로 하나님을 섬기지 않을 수 없는 거룩한 강제력이 우리 안에 없는 것입니다. 강제력의 다른 이름은 '나 같은 죄인을 구속하신' 하나님의 은혜에 대한 감격입니다. 그래서 자신이 산 것이 예수 그리스도의

---

[4] "우리가 만일 미쳤어도 하나님을 위한 것이요 만일 정신이 온전하여도 너희를 위한 것이니 그리스도의 사랑이 우리를 강권하시는도다 우리가 생각건대 한 사람이 모든 사람을 대신하여 죽었은즉 모든 사람이 죽은 것이라"(고후 5:13-14). "우리 중에 누구든지 자기를 위하여 사는 자가 없고 자기를 위하여 죽는 자도 없도다 우리가 살아도 주를 위하여 살고 죽어도 주를 위하여 죽나니 그러므로 사나 죽으나 우리가 주의 것이로라"(롬 14:7-8).

은혜이며 그분의 공로이므로, 이제는 자신이 가진 모든 것을 오직 그리스도를 위해 사용하는 것이 마땅하다고 생각하여야 합니다. 이때 신자는 자신에게 있는 최선의 것으로 하나님을 섬기지 않을 수 없게 됩니다.

## 최선의 섬김을 위한 태도 1:
### 그리스도의 노예로 자처함

최선의 것을 하나님께 드리는 삶을 살기 위해서는 우리 자신의 정체를 올바르게 인식하는 일이 중요합니다. 우리가 비록 하나님의 자녀로 인정되었지만, 우리는 섬김의 실천 가운데서 자신을 그리스도의 노예로 자처해야 합니다. 우리가 하나님을 섬기면서 마치 큰 희생을 하는 것처럼 생각하고 주님께 무엇인가 베풀어 드리는 것처럼 여기는 것은 잘못된 것입니다.

우리는 하나님께서 우리를 섬기는 자리에 세워 주신 그 자체로 감격할 수 있는 사람이 되어야 합니다. 우리가 분골쇄신(粉骨碎身)하도록 섬긴다 할지라도, 섬김을 통해 우리가 하나님과 다른 사람들에게 무엇을 베푼다고 생각하지는 말아야 합니다. 심지어 은혜에서 멀어진 어떤 사람들은 자신이 섬김으로 인해, 무엇인가 손해를 보고 있다고까지 생각합니다. 이러한 생각은 하나님 앞에서 크게 회개하여야 할 악한 마음입니다.

우리가 누구입니까? 하나님께서 우리를 자녀로 불러 주셨지만, 하나님을 섬기는 현장에서는 우리가 종이나 부리면서 호강하는 부잣집 아들처럼 행세해서는 안 됩니다. 하나님을 섬기도록 부름 받은 봉사의 현장에서 우리의 정확한 신분은 예수 그리스도의 노예입니다.

우리의 신분은 비록 하나님의 자녀이지만, 그분을 섬길 때는 마치 예수 그리스도의 형제인 것처럼 자처하고 우리가 섬겨야 할 자리를 위한 또 다른 종을 찾아서는 안 됩니다. 하나님이 우리를 자녀로 대해 주시고 온갖 특권을 누리게 하신다 할지라도, 우리의 자기 인식은 우리는 예수 그리스도의 피 값으로 산 노예라는 사실에서 떠나지 말아야 합니다.

그렇다면 노예란 어떤 존재입니까? 노예에게는 아무것도 자신의 소유가 없습니다. 노예는 자식을 낳아도 주인 것이요, 밭을 일구어 열매를 많이 거두었어도 주인 것입니다. 주인의 지시로 장사를 해서 이익을 많이 남겨도 모두 주인의 것입니다. 심지어 마지막에 죽어 남은 자신의 시체도 주인 마음대로 처분할 수 있는 것입니다. 십자가 사랑에 감격하며 용서받은 죄인으로 자처하는 사람들에게는, 그렇게 주님을 위하여 노예로서 섬기며 사는 것이 행복입니다.

찰스 스펄전(Charles H. Spurgeon)은 설교 중 이렇게 말했습니다. "누가 나더러 황금면류관을 쓰고 한 나라의 제왕이 되라고 말한다면, 나는 그에게 대답하겠습니다. 그런 사소한 일을 위하여 애쓸 시간이 없다고 말입니다. 한 나라를 다스리는 왕이 되기보다는 왕이신 그리스도를 전하는 노예가 되겠습니다."

자신의 삶을 돌아보십시오. 처음에는 그 사랑에 감격하여 노예처럼 예수 그리스도를 섬기며 살았는데, 이제는 오히려 주님을 하인처럼 부리며 살아가려고 하지 않습니까?

우리가 가진 것들 중 예수 그리스도께 바치기에는 너무나 아까운 것들이 있습니까? 있다면 어떤 것들입니까? 아직도 자신의 것이라고 주장할 만한 무엇인가가 우리에게 남아 있습니까? 바로 그것들 때문에 우리가 이 어두운 세상에서 이름 없이 빛도 없이 주님을 섬기지 못하는 것입니다. 그리스도의 핏빛 사랑에 감격하는 신자들에게는 언제나 다음과 같은 고백이 있습니다.

> 존귀 영광 모든 권세 주님 홀로 받으소서
> 멸시 천대 십자가는 제가 지고 가오리니
> 이름 없이 빛도 없이 감사하며 섬기리라
> 이름 없이 빛도 없이 감사하며 섬기리라

그러므로 자신이 이름 없이 빛도 없이 섬기는 삶에서 멀어져 있다고 느낀다면, 용서받은 죄인으로서 당연히 품고 살아야 할 감격어린 정서가 자신에게서 사라져 버린 것을 뉘우치며 영혼의 회복을 구하여야 합니다.

## 최선의 섬김을 위한 태도 2:
### 바친 것의 가치를 계산하지 않음

우리는 성경 본문의 여인을 통해 최선의 섬김이 무엇인지 알게 됩니다. 그것은 바친 것의 가치를 계산하지 않는 믿음입니다. 이는 바친 것의 가치를 무시한 것이 아니라, 섬김을 받으실 예수 그리스도로부터 받은 무한한 사랑의 가치를 제대로 평가한 것입니다.

그 여인에게 예수 그리스도는 비할 데 없이 소중한 분이 되셨습니다. 그녀가 예수 그리스도를 만나기 위하여 왔을 때 그녀의 손에는 소중한 옥합이 들려져 있었습니다. 그것은 그녀가 가진 최선의 것이었습니다. 그것을 그리스도께 드렸고, 조금도 아깝게 생각하지 않았습니다.

우리는 흔히 은혜 받기 위해 섬긴다는 사람들을 만납니다. 물론 올바른 섬김 안에는 은혜의 작용들이 있어서 마음을 쇄신시키고 영혼을 새롭게 합니다. 그러나 단지 그러한 동기만으로는 섬김이 오래가지 않습니다. 섬김을 단지 자신의 영혼의 회복을 위한 도구로만 생각하는 사람들은 그 섬김을 오래도록 지속할 수 없습니다. 잠시 동안은 섬김에 열의가 있어 보일지 몰라도 결코 오래 지속하지는 못합니다. 오래 참고, 긴 시간 희생하면서 하나님을 기쁘시게 하는 일에 자기를 바치게 하는 것은 오직 사랑뿐이기 때문입니다.[5]

이름 없이 빛도 없이 섬기기 위해서는 섬김의 동기가 향유를 부은 이 여인처럼 예수님을 향한 사랑이어야 합니다. 자신의 죄를 용서해 주신 예수님의 은혜에 비하면, 섬기면서 겪는 어려움이나 갈등들은 아무것도 아니라고 생각할 수 있어야 합니다. 진정한 사랑은 자신을 한없이 주면서도, 더 주지 못하는 것에 가슴 아파하게 만듭니다. 섬김의 자리에 서 있는 사람들에게 필요한 것도 바로 그러한 사랑입니다. 우리가 비록 많이 섬긴

---

[5] "사랑은 오래 참고 사랑은 온유하며 투기하는 자가 되지 아니하며 사랑은 자랑하지 아니하며 교만하지 아니하며"(고전 13:4).

다 할지라도 이런 사랑으로 섬기지 않으면, 섬기면 섬길수록 마음에는 한과 설움이 맺힙니다.

어떤 주인에게 노예가 있었습니다. 정말 착하고 충성스러운 이 종에게 주인이 일을 맡겼습니다. 종은 일을 매우 잘 해냈습니다. 주인은 점점 더 중요한 일을 맡겼고, 결국 그 노예는 수하에 많은 노예들을 거느리는 위치에까지 올랐습니다. 그런데 그렇게 되자 그 노예의 태도가 조금씩 변하기 시작했습니다. 처음에는 주인이 자신에게 일을 시켜 주었다는 사실에 한없이 감격해 하며 작은 일에도 최선을 다해 섬겼는데, 이제는 "뭐 이런 일을 저한테 시키십니까? 저 보고 이런 일이나 하라구요?" 하기 일쑤였습니다. 그리고 심지어 "내가 당신을 어떻게 섬겼는데, 당신이 나를 이렇게 대하십니까?" 하며 자신을 제대로 대접해 주지 않았다고 섭섭해 했습니다. 만일 여러분이 이 노예의 주인이라면 여러분은 어떻게 하겠습니까? 당장 이 노예를 팔아 버리지 않겠습니까?

사랑하는 여러분! 우리는 우리의 것을 주장할 만한 존재들이 아닙니다. 우리는 고통도 없고 갈등도 없는 편안한 섬김만을 바랍니다. 그리고 그렇게 섬기는 자신을 모든 사람들이 도와주는 그런 종류의 섬김을 바랍니다. 우리의 섬김 속에서 자꾸만 불평과 불만의 잡음이 생기는 것도 우리가 본래의 섬김의 정신을 잃었기 때문입니다. 우리의 처지를 망각했기 때문입니다. 우리가 원래 누구였는지를 뼈저리게 깨달을 때, 비로소 하나님께서 맡겨 주신 사명을 묵묵히 충성스럽게 감당할 수 있습니다. 그래서 주님의 일을 하려고 하는 사람들은 일을 많이 배우기에 앞서, 예수 그리스도가 어떤 분이신지와 자신이 누구인지를 배워야 합니다.

사도 바울은 이방인 선교의 아버지요, 신약성경을 절반이나 쓴 저술가 였지만 그것은 모두 다른 사람들의 시선에 비친 모습일 뿐이었습니다. 많은 일을 했음에도 불구하고, 그의 자기 인식은 늘 같았습니다. "죄인 중에 내가 괴수니라"(딤전 1:15下).

그는 일평생 예수님께서 십자가에서 피 흘리심으로 자신을 구원하신 사건을 당연하다고 생각해 본 적이 없었습니다. 그는 십자가 앞에서 늘 빚진 자가 되었고, 날마다 예수 그리스도를 자기가 죽인듯 고통을 짊어지고, 그것을 당연한 것으로 여겼습니다. 그의 소원은 그리스도의 고난에 참여하는 것이 무엇인지를 제대로 아는 것이었습니다.[6] 그 결과 주님을 위하여 힘에 지나도록 많이 섬겼지만 마음이 강퍅해지거나 독선적이지 않고 오히려 더 거룩해지고 겸비해져 갔습니다.

하나님 앞에 신자로서 가장 배은망덕한 것은 하나님이 주신 구원을 일상적인 것이라고 생각하는 것입니다. 그렇게 구원의 감격이 사라질 때, 세상 사랑이 신자의 마음속으로 들어옵니다.

그러므로 오늘날 교회의 가장 큰 문제는 교회에 갓 들어온 미숙한 신자들이 아니라, 그 동안 교회를 위해 많은 일을 하였지만 십자가의 감격을 잃어버리고, 구원을 일상적으로 생각하며 살아가는 오래된 신자들입니다. 성도들을 섬기고 가르치는 일에 있어서 모범이 되도록 부름을 받은 일꾼들, 목회자와 장로, 권사, 안수 집사, 사모 같은 사람들이 십자가의

---

6) "헬라인이나 야만이나 지혜 있는 자나 어리석은 자에게 다 내가 빚진 자라"(롬 1:14). "내가 그리스도와 그 부활의 권능과 그 고난에 참예함을 알려 하여 그의 죽으심을 본받아 어찌하든지 죽은 자 가운데서 부활에 이르려 하노니"(빌 3:10-11).

은혜에 사로잡혀 있지 않을 때 교회는 더욱 위험합니다.

교회를 위해 가장 많이 헌신하고 참으로 성도가 어떻게 살아야 하는지 본을 보여야 할 사람들이 올바른 섬김의 정신 없이 마지못해 하는 허울뿐인 섬김의 실천으로 살아간다면 다른 지체들이 그들을 통해 무엇을 배우겠습니까? 교회를 위하여 아들을 주신 하나님께서 얼마나 슬퍼하실까요? 마음이 실리지 않는 습관적인 섬김이 오히려 섬기는 이의 영혼을 망가뜨립니다.

### 최선의 섬김을 위한 태도 3:
### 하나님의 마음에 부합한 섬김

이 여인의 섬김을 지켜보던 제자들의 반응을 보십시오. "이 향유를 삼백 데나리온 이상에 팔아 가난한 자들에게 줄 수 있었겠도다 하며 그 여자를 책망하는지라"(막 14:5).

그들은 자신의 최선의 것을 아낌없이 드려 예수 그리스도를 섬길 수밖에 없었던 이 여인 안에서 일어난 용서의 경험을 이해하지 못하였습니다. 그래서 그들은 이 여인 안에 있는 사랑의 가치보다 그녀가 부어 버린 향유의 가치를 계산하고 있었습니다.

그들은 노동자의 일년 치 품삯에 해당하는 값비싼 향유가 아까웠습니다. 그래서 그것을 예수님의 머리에 부어 버린 여인의 행동을 질책했습니다. 그러나 이러한 제자들의 반응은 가난한 자들을 향한 넘치는 사랑을 보여 주는 것이 아니라, 예수 그리스도께 대한 사랑의 부족을 보여 주는 것이었습니다.

예수 그리스도께서는 제자들과 달리 이 여인의 섬김을 아름답게 평가하셨습니다. "예수께서 아시고 저희에게 이르시되 너희가 어찌하여 이 여자를 괴롭게 하느냐 저가 내게 좋은 일을 하였느니라 가난한 자들은 항상 너희와 함께 있거니와 나는 항상 함께 있지 아니하리라 이 여자가 내 몸에 이 향유를 부은 것은 내 장사를 위하여 함이니라 내가 진실로 너희에게 이르노니 온 천하에 어디서든지 이 복음이 전파되는 곳에는 이 여자의 행한 일도 말하여 저를 기념하리라 하시니라"(마 26:10-13).

섬김에 대한 하나님의 평가와 사람들의 평가는 같지 않습니다. 어쩌면 우리는 마지막 심판의 날에, 스스로 하나님을 많이 섬겼다고 생각한 사람들이 하나님으로부터 결코 섬긴 적이 없다고 평가받는 것을 볼지도 모릅니다.[7] 따라서 하나님의 마음에 부합하는 섬김으로 그분을 섬겨 드려야 합니다.

예수님께서 이 여인의 행동을 칭찬하신 것은 그 행위 자체가 아니라, 그 행동 속에 품었던 갸륵한 마음 때문이었습니다. 제자들은 이 여인이 쏟아 부은 향유의 가치에 주목했지만, 이 여인은 온전히 자신의 섬김을 받으실 예수 그리스도를 주목했습니다.

그녀는 자신의 소유 중에 가장 값진 것을 깨뜨려 예수님께 부으면서도,

---

[7] "나더러 주여 주여 하는 자마다 천국에 다 들어갈 것이 아니요 다만 하늘에 계신 내 아버지의 뜻대로 행하는 자라야 들어가리라 그 날에 많은 사람이 나더러 이르되 주여 주여 우리가 주의 이름으로 선지자 노릇하며 주의 이름으로 귀신을 쫓아내며 주의 이름으로 많은 권능을 행치 아니하였나이까 하리니 그때에 내가 저희에게 밝히 말하되 내가 너희를 도무지 알지 못하니 불법을 행하는 자들아 내게서 떠나가라 하리라"(마 7:21-23).

한없이 눈물을 흘렸습니다(눅 7:38). 최선의 것을 드리지만, 그것도 예수님께 충분한 것은 아님을 알았기 때문이었습니다.

아마도 그녀는 마음속으로 이렇게 고백하였을 것입니다. "나같이 더러운 죄인을 용서해 주신 당신의 사랑에 비하면, 내가 당신을 향해 가지고 있는 사랑은 티끌에 불과합니다. 비록 지금 이 향유를 당신께 부어 드리지만, 이것도 제가 받은 놀라운 은혜에 비하면 아무것도 아님을 압니다. 제게는 생명보다 더 소중한 것을 당신께 바치지만, 사실 이것은 제가 주님을 사랑하는 크기의 만분의 일에도 미치지 못합니다."

세상과 교회의 가장 큰 차이는, 세상은 자기 없이는 그 단체가 성립될 수 없다고 여기는 사람들이 모인 곳이지만, 교회는 자기 같은 인간은 아무 쓸모도 없다고 생각하는 사람들이 모인 곳이라는 사실입니다. 자신이 없으면 아무것도 못할 것이라고 생각하는 사람들이 아니라, 자신은 아무 쓸모없는 죄인이었는데 하나님께서 은혜로 이 교회의 한 지체가 되게 해 주셨다는 마음을 가진 사람들을 통하여 하나님은 그 교회에서 섬김을 받으십니다.

## 구원의 감격이 필요하다

우리들이 이 세상을 작별하는 마지막 날에 하나님 앞에 감격하며 부르게 될 찬송은 무엇일까요? 그것은 오직 하나, 예수 그리스도께서 우리를 구원하셨다는 것과 우리가 그분을 사랑한다는 사실입니다.

그러므로 이 세상에서 가장 불행한 사람은 가난하고 몸이 아픈 사람이 아니라, 구속의 은혜를 모르는 사람입니다. 그리고 그리스도인 중에서 가장 불쌍한 이들이 있다면, 구속의 감격을 잃어버린 채 냉랭한 마음으로 의무감 속에서 섬김을 흉내 내며 살아가는 사람들일 것입니다.

누가 여러분을 섬기는 자로 세웠습니까? 여러분을 교사로, 전도자로, 구역장으로, 식당봉사자로, 주차봉사자로 세우신 분은 바로 하나님이십니다. 하나님께서는 우리가 다른 사람들을 위해 행한 그 모든 봉사를 사람을 위한 일이 아닌, 하나님을 위한 섬김으로 받으십니다. 비록 우리의 행위는 사람을 향한 것이지만, 그 모든 것이 구원의 은혜에 대한 감격과 하나님을 향한 진실한 사랑 속에서 흘러나온 것임을 아시기 때문입니다.

그래서 우리는 하나님의 사랑과 은혜가 영혼 안에 가득할 때, 자원하는 마음으로 섬김의 삶을 살아갈 수 있습니다. 그리고 우리의 삶의 모든 역할과 수고를 통해서 하나님을 섬길 수 있습니다.

그리스도의 십자가 사랑으로 말미암아 자신이 용서받아 하나님을 섬기는 자가 되었다는 사실에 대한 감격이 없이 하나님을 섬기는 것은, 마치 사랑하지 않는 부부가 마지못해서 한 집에 살면서 서로를 위해 봉사하는 것과 같습니다. 거기에 사랑과 생명이 있을리 없습니다. 인격적 관계의 증진에서 오는 기쁨이 있을 수 없습니다. 그들은 아마 섬기면 섬길수록 힘들고 지겨운 부부가 될 것입니다.

좋은 땅에 심겨진 나무가 잘 자랍니다. 주님께 대한 사랑이 없는 섬김은 콘크리트 위에 박아 놓은 나무와 같습니다. 좋은 땅에 심겨진 나무는 걱정이 없습니다. 잠시 비바람이 불고 눈보라를 맞는다 할지라도, 나무는 계속 자랄 것입니다. 그 안에 생명이 있기 때문입니다.

  섬기는 자로 살아가는 신자의 마음 안에 있는 사랑도 그러합니다. 섬기며 살아가는 우리의 일생 동안 비바람 같은 시련이 꼬리를 물고 눈보라 같은 고난이 줄지어도, 섬기는 동안 주님을 향한 사랑이 우리 안에 가득하면 두려울 것이 없습니다. 우리는 결국 하나님을 섬기는 일생을 살고야 말 것이기 때문입니다.

제3장 **섬김의 이유**

# 사명, 은혜 안에 있는 부르심

"만일 힘이 어린 양에 미치지 못하거든 그 범과를 속하기 위하여
산비둘기 둘이나 집비둘기 새끼 둘을 여호와께로 가져가되
하나는 속죄제물을 삼고 하나는 번제물을 삼아"

레위기 5장 7절

## 사명, 은혜 안에 있는 부르심

1813년 스코틀랜드의 가난한 집안에서 태어난 리빙스턴(David Livingstone)은 10세 때 학업을 중단하고 노동을 해야만 했습니다. 그러나 17세 때 강력한 소명을 받고 의학과 신학을 공부하면서 중국 선교에 관심을 갖게 되고, 아프리카 선교사였던 모팻(Robert Moffat)을 만난 후 그의 딸과 결혼하여 1840년 아프리카로 떠나기에 이릅니다.

그렇게 30여 년이 지났습니다. 1871년, 그의 몸이 많이 쇠약해졌다는 소식을 접한 영국 왕실과 그의 친구들은 그에게 은퇴를 종용했습니다. 그러자 그는 은둔해 버렸고, 이에 그를 사랑하던 사람들은 탐험가 스탠리(Henry M. Stanley)를 동원하여 그를 찾게 했습니다.

리빙스턴을 만난 스탠리는 은퇴 후 좋은 조건에서 살 수 있도록 준비해 두었다는 영국 왕실의 전언을 전하며 "30년 동안 헌신하셨으니, 이제 그만 헌신의 삶을 끝내고 고국으로 돌아갑시다."라고 권했습니다.

하지만 리빙스턴은 그 청을 조용히 거절하며 이렇게 말했습니다. "아프리카 선교는 헌신이 아닙니다. 하나님께서 주신 은혜에 대한 보잘 것 없는 보답입니다. 차라리 이것은 특권이며 영광스러운 내일을 기대하는 희망입니다. 현재의 고난은 장차 나타날 영광과 비교할 때 아무것도 아닙니다."

하나님을 섬기며 사는 삶을 하나님께 무엇인가 베푸는 것처럼 생각하는 사람들이 있습니다. 그러나 이것은 매우 오만한 생각이 아닐 수 없습니다. 우리가 섬김을 그런 식으로 생각하는 한, 우리는 하나님의 충성스럽고 착한 종일 수 없습니다. 우리가 하나님을 섬길 수 있다는 것조차, 우리를 향한 하나님의 섬김이 아닐까요? 하나님을 위한 헌신은 수고가 아니라 특권입니다.

## 구원 안에 있는 소명

성경 본문의 말씀은 이스라엘 백성이 죄를 지었을 때, 그것을 속(贖)하기 위해 드리는 제사의 규례입니다. 제사는 일시적으로나마 지은 죄를 용서받고 하나님과 교통할 수 있는 유일한 길이었습니다.

일반적으로 평민의 속죄 제사에는 암염소나 어린 양의 암컷이 제물로 바쳐졌습니다(레 4:27-35). 그러나 하나님께서는 제물을 규정하실 때, 그렇게 바칠 만한 형편이 못 되는 가난한 사람들까지 염두에 두셨습니다. 그래서 그들의 형편을 헤아려 제물을 달리 정하셨습니다. 제사는 드리고 싶지만, 가난해서 도저히 양이나 염소를 바칠 수 없는 사람들은 속죄 제사를 드리러 나아올 때, 산비둘기 둘이나 집비둘기새끼 둘을 가져왔습니다. 그래서 하나는 속죄 제물을 삼고 다른 하나는 번제물을 삼았습니다.

이 제사가 드려지는 정황을 가만히 떠올려 보십시오. 먼저 비둘기 한 마리가 단 위로 올려집니다. 그 제물 위에 손을 얹고 기도함으로써 헌제자의 죄는 제물에 전가됩니다. 그러면 제사장은 제물의 목을 꺾고 피를 흘리게 합니다. 이어서 제사장은 뚝뚝 떨어지는 피를 단 사면에 뿌리고 나머지 피로 단 아래까지 흥건히 적셔지게 합니다.

이 광경을 바라보며 제사를 드리는 사람은 어떤 생각을 할까요? 자신의 죄를 전가받은 비둘기가 목이 꺾인 채 피를 흘리며 죽어 가는 모습을 보면서, 죄의 무서움과 하나님의 공의로운 엄격하심을 깨닫게 되지 않을까요? 하나님의 계명을 어기고 불순종하였던, 죽어 마땅한 자신에게 어떻게든지 용서의 은혜를 베푸시려는 하나님의 속죄의 사랑에 감격하지 않을까요?

이렇게 드려지는 속죄 제사에 이어지는 것이 번제입니다. 속죄 제사에 이어 제사장은 남은 한 마리의 비둘기로 하나님 앞에 번제를 드렸습니다. 번제란 제물을 태워 드리는 제사로, 하나님을 향한 전적인 헌신을 의미합니다. 여기서 우리는 죄를 용서해 주시는 은혜 속에는 헌신을 향한 소명이 포함되어 있음을 봅니다. 물론 우리의 섬김이나 헌신을 담보로 속죄가 이루어지는 것은 아닙니다. 우리의 속죄는 오직 우리 주 예수 그리스도께서 흘리신 보혈의 공로로만 이루어집니다.

그러나 구속의 진정한 의미를 생각해 볼 때, 그 은혜 안에 반드시 헌신의 소명이 포함되어 있음을 부인할 수 없습니다. 논리적으로 그러할 뿐 아니라 경험적으로도 그렇습니다. 이것은 죄를 용서받고 십자가의 구속을 경험한 성도라면 누구나 느낄 수 있는 것입니다.

저는 성품적으로 거저 받는 것을 싫어합니다. 별다른 이유 없이 과분한 선물을 받게 되면 거북스러우리만치 마음이 불편합니다. 그런데 이러한 저에게 예수님께서는 너무나 큰 선물을 거저 주셨습니다. 그래서 첫 회심을 경험하면서 저는 이런 고민에 빠졌습니다. "나같이 쓸모없는 죄인을 살리신 이 은혜를 어떻게 갚아 드려야 하나."

그러나 시간이 흐르면서 내가 받은 구원이라는 놀라운 은혜의 선물은 내가 노력해서 되갚을 수 있는 성질의 것이 아님을 깨닫게 되었습니다. 그리고 하나님께서 베푸신 이 놀라운 호의 속에 서려 있는 그분의 기대를 읽을 수 있게 되었습니다.

이것은 단지 저만의 경험이 아닐 것입니다. 하나님께서 구원의 은혜를 베푸시며 우리에게 기대하신 것은 우리가 하나님의 자녀답게 사는 것이었습니다. "내가 너에게 구원의 은혜를 주고, 하늘 자원도 아낌없이 내려 주겠다. 그러니 너는 다만 그 하늘 자원을 힘입어 참사람으로 살아라."

우리는 예수 그리스도의 구속의 은혜를 공로 없이 거저 받았습니다. 그러나 그 은혜 안에는 소명이 내포되어 있습니다. 우리의 구원이 세상을 창조의 목적으로 회복하시려는 하나님의 원대한 계획 속에서 이루어진 것이기에, 구원받은 우리에게는 그 계획의 성취에 기여해야 할 사명이 포함되어 있습니다.

## 총체적 소명과 개별적 소명

그런데 처음 구원을 받았을 당시, 우리가 하나님으로부터 받은 소명은 개별적인 것이 아니라 총체적인 것이었습니다. 즉, 삶의 지엽적인 부분에 국한된 개별적인 것이 아니라 우리의 전 존재와 삶을 포괄하는 것이었습니다.

대부분의 신자들이, 첫 회심 안에서 속죄의 은혜를 경험하며, 하나님의 계획을 나의 계획으로 받아들입니다. 이것은 우리를 창조하시고 구속하신 하나님의 원대한 계획을 우리가 이해하였기 때문이 아닙니다. 아직 하나님의 원대한 계획과 그렇게 하시려는 이유를 충분히 이해할 수는 없지만, 그것이 우리를 용서하시고 구원해 주신 하나님의 뜻이기에, 그것은 우리에게도 포기할 수 없는 목표가 됩니다.

이처럼 구원의 은혜는 어찌하든지 자신의 인생을 통해 하나님의 창조와 구속의 목적에 기여하고 싶다는 총체적인 소명 의식을 가져다 줍니다. 그런데 이 총체적인 소명은 개별적인 소명과 달리 어떤 행동과 태도를 구체적으로 요구하지 않습니다. 따라서 자신의 인생을 향한 하나님의 구체적인 계획과 그 마음을 이해하는 지식의 빛이 사라지면, 총체적으로 소명을 느끼고 있다 할지라도 그렇게 살아갈 수 없게 됩니다. 어떻게 살아가는 것이 총체적인 소명을 따라 살아가는 것인지 모르게 되기 때문입니다. 그래서 신앙의 방황이 시작되고, 이러한 방황은 자신의 받은 바 소명과 상관없이 살아가는 삶으로까지 나아갑니다.

그러므로 모든 그리스도인들은 첫 회심의 눈물이 흐르자마자 하나님의 말씀을 배우지 않으면 안 됩니다. 성경 말씀을 통하여 교리를 배우고, 하나님의 구원 계획을 체계적으로 공부해야 합니다. 그리고 하나님의 마음을 느낄 수 있는 깊이 있는 영성을 소유해야 합니다. 예수 그리스도를 믿고 거듭나는 그 순간, 우리는 하나님의 사랑의 학교, 진리의 학교, 기도의 학교, 순종의 학교에 입학하는 학생이 됩니다. 이렇게 하나님과 구원 계획에 대하여 배우고 공부함으로써 구체적으로 자신이 어떻게 하나님을 섬기며 살아가야 할지를 배우게 됩니다.

만약 누군가 제게 참된 순종의 삶을 살아가는 건강한 그리스도인의 삶의 표징이 무엇인지 묻는다면 저는 주저 없이 다음 세 가지를 꼽을 것입니다. 첫째, 사모함으로 매일 성경을 읽는가? 둘째, 경건 서적을 가까이 하며 꾸준히 교리를 탐구하고 있는가? 셋째, 열렬하지 않을 수 없는 기도의 제목이 있는가?

한 사람의 그리스도인이 자신의 총체적인 소명을 분명히 인식하며 살아갈 때, 비로소 그는 개별적인 소명들에 헌신할 수 있게 됩니다. 하나님의 창조의 목적에 기여하는 삶은 자신의 인생 갈피갈피에서 하나님의 은혜를 경험하고, 그 안에 담긴 소명을 느끼며, 그것을 따라 헌신하며 살아가는 삶들이 연결됨으로써 성취됩니다. 신자는 그것을 통해서 하나님께 영광을 돌리게 되는 것입니다.

다른 삶의 영역들 안에서 하나님을 위하여 살지 않으면서 기도 생활의 영역 안에서만 열렬하게 기도할 수는 없습니다. 설령 열렬하게 기도한다 할지라도 그것은 단지 육체에 속한 열심으로 그칠 것입니다.

혹시라도 여러분 가운데 직장에서 무능하고 게으른 사람으로 여김을 받는 이들이 있습니까? 몸담은 회사에서 근무하는 동안에는 최선을 다해 열심히 일하여야 합니다. 직장 다니는 사람이 근무에는 태만하면서 교회 주보나 만들고 있다면, 그는 하나님을 열심히 섬기고 있는 사람이 아닙니다. 그런 사람들을 회사에서 탐탁치 않게 여기는 것은 당연합니다. 그는 자신이 너무나 하나님께 충성하느라 회사에서 좋은 평판을 듣지 못한다고 생각할지 모릅니다. 혹은 그러한 주위의 비난을 들으면서 자신은 그리스도를 위하여 고난을 받고 있다고 생각할지 모릅니다. 그러나 하나님께서는 결코 그렇게 생각해 주시지 않을 것입니다.

우리가 소명을 따라 주어진 자신의 사명의 자리에서 개별적인 상황에 적응하면서 사는 것 또한 하나님의 뜻입니다. 이런 가운데, 하나님의 은혜가 필요하다는 사실을 깨닫고 매일 은혜 안에서 하나님께서 우리가 어떻게 살기 원하시는지 그 소명을 깨닫습니다. 그래서 순종하며 살아갑니다. 하나님을 알게 되자 사랑하게 되고, 사랑하게 되자 순종하게 되고, 순종하게 되자 열매를 맺게 됩니다. 그리고 하나님을 위하여 많은 열매를 맺게 되자 우리는 그분께 사랑받고 하나님을 더 많이 알아 가게 됩니다.[8]

그러므로 미래의 커다란 꿈만 꿀 것이 아니라 지금 당장 하나님이 주시는 은혜를 따라 개별적인 상황에서 하나님 앞에 의무를 다하며 살아가야 합니다. 그러한 삶의 자세가 은혜의 공급도 끊이지 않게 하는 비결입니다.

---

[8] "너희가 과실을 많이 맺으면 내 아버지께서 영광을 받으실 것이요 너희가 내 제자가 되리라 아버지께서 나를 사랑하신 것같이 나도 너희를 사랑하였으니 나의 사랑 안에 거하라" (요 15:8-9).

## 은혜가 유지되는 비결

하나님께서는 우리가 은혜를 어떻게 사용하는지를 보시면서 우리에게 은혜를 주십니다. 그러므로 은혜를 받고도 그저 그것으로 마음의 위안만 삼을 뿐, 그 은혜를 힘입어 분투하지 않는 사람들은 풍성한 은혜를 누리며 살지 못합니다.

하나님께서는 하나님이 주신 은혜를 순결하게 사용하여 안으로는 자신의 죄를 죽이고, 밖으로는 교회와 지체들을 섬기는 사람을 기뻐하십니다. 그렇게 될 때, 하나님께서 은혜를 주시면서 전달되는 하나님의 마음이 그의 섬김을 통해 밖으로까지 흘러 넘치게 되기 때문입니다.

그러므로 우리가 섬김에 대하여 생각할 때 이런 식으로 생각하는 것은 매우 잘못된 것입니다. 즉, 여러 가지 섬김에 헌신하다가 보면, 은혜가 고갈되기 때문에 하나님께서 그렇게 섬기는 사람에게 은혜를 베푸신다고 믿는 것은 섬김에 대한 오해입니다.

성화의 삶에 힘쓰며 맡겨진 섬김의 자리에서 충성스럽게 헌신하는 사람은 은혜의 고갈이 아니라 자기 안에 있던 은혜가 그 모든 섬김의 과정을 통해 더욱 새로워지는 것을 경험합니다. 그리고 섬김을 위하여 헌신하는 중에 하나님께서 더 큰 은혜를 한량없이 부어 주시는 것을 느낍니다.

따라서 은혜를 보존하는 가장 좋은 방법은 끊임없이 은혜를 활용하며 사는 것입니다. 지속적으로 하나님을 위해 분투하며 살아가는 사람을 하나님께서는 은혜를 잘 보존하며 살아갈 사람으로 판단하시고, 지속적으로 은혜를 베푸십니다.

청교도 신학자 존 오웬(John Owen)은 자신의 논문에서 쉽게 회복될 수 없는 불순종의 죄를 열거하는 가운데 하나님께서 특별하게 주신 은혜나 은사를 하나님을 위해 사용하지 않은 것 역시 매우 큰 불순종이라고 하였습니다.

그런데 여러분 중 어떤 사람은 이렇게 묻고 싶을 것입니다. "목사님! 이름 없이 빛도 없이 섬기면 은혜가 새로워진다고 말씀하셨는데, 저는 여기저기서 많이 섬겨 봤지만 탈진되기만 하던 걸요? 구속의 감격이 새로워지고, 말할 수 없는 하나님의 은혜가 밀려오기는커녕 스스로 소진 되는 느낌밖에 받지 못했습니다."

그러나 이것은 섬기는 일에 문제가 있었던 것이 아니라, 그 일에 임하는 방식에 문제가 있었기 때문입니다. 일은 일일 뿐입니다. 하나님을 위한 일도 그렇습니다. 섬기는 일 그 자체로서는 우리의 영혼에 죄악 된 영향을 미친다든지 신령한 영향을 미칠 수 없습니다. 한 사람이 거룩해지는 것은 거룩해 보이는 일을 한다고 해서 그렇게 되는 것이 아니라, 하나님과 어떤 관계를 맺으면서 그 일을 하느냐에 달려 있는 것입니다.

아무리 하나님께서 여러분에게 맡기신 일이라도, 그것을 하나님께서 지정하신 방식대로 감당하지 않는다면, 그것은 그냥 일을 하는 것일 뿐이지 거룩하신 하나님과 관계를 맺는 것이 아닙니다.

우리가 가지고 있는 모든 거룩함의 영향력은 우리 안에 내재하는 것이 아닙니다. 그것은 거룩하신 하나님의 성품과의 접촉을 통해 생긴 것입니다. 그러므로 그냥 일을 하기만 할 뿐, 그 일을 하는 과정 속에서 하나님의 거룩한 성품을 경험하고 있지 못하다면, 그 일이 아무리 거룩한 일이라 할지라도 그것이 우리를 바꾸지 못합니다.

열심히 섬겼으나, 그것으로 인해 보다 새로워지고 충만해지는 경험을 누리지는 못했습니까? 만약 그렇다면 그것은 그 일에 임한 여러분의 태도가 잘못되었기 때문일 것입니다. 하나님 앞에 어떤 일을 하여 옳은 열매를 맺기 위해서는, 우리의 섬김을 통해서 하나님께서 우리에게 이루고자 하시는 바를 우리가 전심으로 기뻐하고 있어야 합니다. 마치 하나님을 기뻐하는 것처럼 말입니다. 그 기뻐함이 바로 순종의 동기입니다.

그러면 어떻게 해야 하나님의 계획이 이루어지는 것을 전적으로 기뻐하면서 자신의 모든 것을 아낌없이 그분께 드릴 수 있을까요? 이것은 우리가 자기사랑을 비울 때 가능합니다. 여기에서 이야기하는 '자기'는 부정적인 의미에서의 자기입니다. 이것은 부패한 욕망의 주체로서의 자기입니다.

그리스도인의 자기사랑은 나쁘다고도 할 수 없고, 좋다고도 할 수 없습니다. 다만 자기사랑이라고 할 때 그 '자기'가 어떤 '자기'이냐가 문제입니다. 하나님 앞에 순전하게 섬기며 살아가려고 하는 '자기'일 경우에는, 자기사랑과 주님을 향한 전적인 사랑이 절대로 충돌하지 않습니다. 그러나 하나님의 계획에 반하여 살려고 하는 '자기'를 사랑할 경우에는, 우리를 구속하시고 우리를 순종하도록 부르신 하나님의 총체적인 계획에 도전하지 않고는 자기를 사랑할 수 없습니다.

온전한 순종은 부정적인 의미의 자기사랑을 비워 냄으로써 가능합니다. 하나님의 계획에 반하여 살려는 '자기'를 버리는 일 없이는 하나님을 향한 전적인 사랑도 있을 수 없습니다. 그러므로 단지 하나님께로부터 받은 은혜에 대한 부채를 갚는다는 개념에서 섬김이 이루어지면 안 됩니다.

섬김의 현장은 자기 자신의 영적 성장에 있어 말할 수 없이 중요합니다. 그것이 큰일이냐 작은 일이냐는 문제가 안 됩니다. 하나님께서는 일의 크기가 아니라 일을 하는 방식, 일에 임하는 믿음, 일 속에 드러나는 그와 하나님과의 관계, 그 속에서 입증되는 하나님을 향한 진실한 사랑, 이런 것들을 통해 그를 성숙하게 하시기 때문입니다.

예수님께서는 소자 하나에게 냉수 한 그릇을 준 것도 그 상을 결코 잃지 않을 것이라고 말씀하셨습니다(마 10:42). 따라서 우리는 일의 크기에 마음을 빼앗겨서는 안 됩니다. 한 손으로 세계를 움직이는 어마어마한 일에 종사하고 있어도, 그 사람은 아무것도 아닐 수 있습니다. 그러나 교회 마당에서 쓰레기를 줍고 있어도 그가 그 작은 섬김을 통해 하나님을 깊이 느끼고 있다면 그는 하나님 앞에 큰 사람이며, 지금 놀라운 영적 성장의 과정을 경험하고 있는 중입니다.

따라서 여러분, 우리는 지금 무엇이라도 섬기고 있어야 하며, 또한 올바른 자세로 섬겨야 합니다. 올바른 섬김의 자세를 갖추는 것은 진지하게 하나님의 말씀을 들으며 영혼의 변화를 갈망하는 것만큼이나 중요한 과업입니다. 그것을 통해 그 삶 안에 있는, 보이지 않는 하나님을 향한 사랑이 드러나기 때문입니다.

부디, 무슨 일이든 마음을 다하여 섬기십시오. 그것은 여러분의 섬김을 받는 사람들만을 위한 것이 아니라, 여러분 자신을 위한 것입니다. 그렇게 섬길 때에, 비로소 놀라운 은혜가 여러분의 영혼 안에서 솟아오릅니다. 더군다나 누구에게 드러내는 섬김이 아니라, 정말 이름도 없이 빛도 없이 하나님께만 바쳐지는 섬김이 될 때 우리의 성화는 촉진됩니다. 섬김 자체가 우리를 성화시키기 때문이 아니라, 그 섬김을 통해 하나님 앞에 서는 신앙의 자세가 우리의 영혼을 성숙시켜 가기에 그렇습니다.

## 진정한 인내

예수 그리스도의 십자가에 대한 현재적인 경험이야말로 성화의 원동력이자, 은혜를 잘 간직하고 사는 비결이라는 사실은 아무리 강조해도 지나치지 않습니다. 그러므로 십자가에 대한 현재적인 감격을 소유하고 사는 일은 그리스도인이 그리스도인답게 살아가는 일을 위해 필수 불가결합니다.

그런데 안타깝게도 너무나 많은 사람들이 십자가의 감격을 잃어버리고 살아갑니다. 많은 신자들에게 있어서 구속의 감격이 과거의 경험 속에서만 머무르고 있습니다. 이것은 그들의 삶이 은혜를 유지하고 살아가기에 합당하지 못하기 때문입니다.

게으름, 자기자랑, 교만, 독선, 육욕, 미움, 인색함 등등……. 이런 것들로 뒤엉킨 가운데 살고 있기에 받은 바 은혜는 간직되지 못하고, 주시는 바 은혜는 받지 못하게 됩니다. 하나님을 섬길 때에도 그러한 잘못된 본성과 충돌을 일으키지 않는 한도 내에서만 섬기고 있기 때문에 섬겨도 그것이 그들을 쇄신시키지 못합니다.

이런 사람에게 요구되는 것이 '올곧음'(uprightness)입니다. 여기서 올곧음이란 '이것이 옳다면, 나는 어떠한 경우에도 굽히지 않고 반드시 이것을 행하며 살겠다.' 라는 일관된 의지입니다. 시편 기자는 다음과 같이 찬양하였습니다. "하나님이여 내 마음이 확정되었고 내 마음이 확정되었사오니 내가 노래하고 내가 찬송하리이다 내 영광아 깰지어다 비파야, 수금아, 깰지어다 내가 새벽을 깨우리로다"(시 57:7-8).

섬기는 가운데 이런 찬양을 노래로 삼고 있습니까? 확정된 마음으로 사는 사람들은 고난이 오면 그 속에서 그리스도의 죽으심에 참여하고, 기쁨이 오면 그 속에서 주님의 부활에 참여합니다. 그들은 묵묵히 하나님을 섬기면서 그 섬김의 모든 상황과 과정을 끊임없이 자기 성숙의 기회로 삼습니다.

그런데 남이 알아 줄 때까지만 일하는 사람도 있습니다. 이들은 자신의 섬김을 아무도 알아 주지 않는 것 같다고 생각되면 이내 섬기려는 마음을 접어 버립니다. 스스로 싫증이 일어나는 경우에도, 별로 망설이지 않고 섬김을 접습니다. 그는 섬김에 있어서 참을 수 있을 때까지만 참고 마는 것입니다.

뜨거운 화염에 쇠가 녹는 것을 본 적이 있습니까? 처음에는 강한 화염이 쏟아져도 쇠가 끄떡하지 않습니다. 그런데 좀더 시간이 지나면, 쇠도 조금씩 녹아내리기 시작합니다. 우리의 마음도 마찬가지입니다. 우리의 마음은 고난이라는 화염 속에서 단련됩니다. 따라서 우리가 고난 속에서 단지 견딜 수 있는 데까지만 견딘다면, 우리는 아무것도 달라지지 않을 것입니다. 우리의 힘으로는 도저히 견딜 수 없게 되었는데도, 하나님을 섬기고자 하는 마음을 포기하지 않고 그 자리를 지킬 때 우리 안에서 변화가 일어납니다.

그래서 이일 저일 많이 섬겼는데도 성화의 진전이 거의 없는 신자들이 있는가 하면, 특별히 괄목할 만하게 희생적으로 섬긴 적도 없는 것 같은데, 많이 성화된 사람들이 있습니다. 비록 그 일이 남이 보기에는 작은 일처럼 보일지라도 인내함으로 끝까지 견딘 사람들은 많이 성화됩니다.

어떤 일을 참을 수 있을 때까지만 참는 것은 진정한 인내가 아닙니다. 일이 성취되기 위하여 필요한 만큼 견디는 것이 인내이고 이런 인내의 과정은 언제나 고통을 동반합니다. 그러한 고통을 참으면서 참고 싶을 때까지만 참았느냐 끝까지 견뎠느냐가 진정한 인내를 가려냅니다. 섬김의 어려움이 오면 곧 집어치우고 마는 식의 태도로는 결코 하나님을 잘 섬길 수 없고 성화의 진전도 기대할 수 없습니다.

섬기다가 한계를 만날 때, 어떤 사람들은 그 일을 그만두고 다른 일을 시작하기도 합니다. 그러나 이것은 한계를 견디지 못하고 다시 새로운 상황으로 도망간 것일 뿐이기에, 성화의 진전에는 전혀 도움이 되지 않습니다. 매번 섬김의 상황은 바뀌지만 그 안에서 그들은 늘 비슷한 한계를 경험하고, 그 한계 앞에서 스스로 도망치는 일만을 반복하고 있었을 뿐입니다. 이런 사람은 다른 사람 눈에는 늘 일하는 사람으로 비칠지 몰라도, 하나님의 눈에는 한 번도 하나님의 손에 다듬어져 본 적이 없는 사람입니다.

따라서 중요한 것은 얼마나 크고 괄목할 만한 일을 섬겼느냐, 얼마나 다양한 종류의 섬김을 감당했느냐 등이 아닙니다. 정말로 중요한 것은 섬기는 중에 많은 고난이 찾아와도 끝까지 믿음으로 반응하며 자기의 자리를 지켰느냐입니다.

우리는 섬김의 자리에서 매일 다음과 같은 고민을 하여야 합니다. '무엇 때문에 하나님께서 나의 섬김에 복을 베풀지 않으실까? 이제 하나님의 은혜가 다하였는가? 하나님과의 관계가 어떻게 되었기에 나의 섬김에 축복이 사라지는가?'

섬김의 현장에서 하나님과 자신의 관계를 확인하고, 자기의 부족을 인하여 아파하며, 그 속에서 자기가 끊임없이 죽는 것을 체험할 때, 마음은 서서히 녹아 내리고 영혼에 변화가 오게 됩니다. 하나님을 앙망하게 되는 것입니다.

## 그리스도인의 삶의 신비

사랑하는 여러분, 이왕이면 남의 눈에 괜찮아 보이는 일에 헌신하고 싶습니까? 그러나 그것은 중요한 것이 아닙니다. 영혼의 시선을 하나님께 고정하고 살아가는 사람은 그럴 수 없습니다. 하나님께서 어디에 세워 주시든지 거기에서 자기를 위하여 못박히신 예수 그리스도를 경험하면서 섬길 때, 구원의 은혜에 대한 감격은 더욱 증진됩니다. 이것이 그리스도인의 삶의 신비입니다.

총체적인 구속의 은혜와 개별적인 상황에서 주시는 은혜를 받았습니까? 이제 여러분이 하나님 앞에서 살아가야 할 삶은 이름 없이 빛도 없이 섬기며 살아가는 삶입니다.

만약 여러분이 섬길 곳이 어딘지 몰라서 행동에 옮기지 못하고 있다면 지금 당장 하나님께 섬길 자리를 보여 달라고 기도하십시오. 그러면 하나님께서 여러분에게 섬길 곳을 보여 주실 것입니다. 거기에서 전심으로 주님을 섬기며 살아가십시오. 이름 없이 빛도 없이 자신을 온전히 드리며 헌신하십시오. 그렇게 살아갈 때, 여러분은 비로소 말씀의 은혜 안에서 자라가고 있는 자신을 발견할 수 있을 것입니다.

제4장 **섬김의 자세**

# 버시를아십니까? 이름 없이 빛도 없이

"주 안에서 많이 수고하고 사랑하는 버시에게 문안하라"
로마서 16장 12절 下

## 버시를 아십니까? 이름 없이 빛도 없이

기도의 사람 이 엠 바운즈(E. M. Bounds)는 자신의 한 책에서 사명을 설명하다가 이런 재미있는 비유를 들었습니다.

하나님께서 세 천사에게 사명을 주셔서 이 땅에 보내셨는데, 한 천사에게는 황금으로 만든 홀을 들고 제국을 다스리는 왕이 되게 하셨습니다. 또 다른 천사에게는 커다란 주판을 들고 큰 기업을 경영하는 사장이 되게 하셨습니다. 그리고 마지막 천사에게는 똥바가지를 주셔서 빈민촌에 내려가 똥을 푸는 일을 맡기셨습니다. 세 천사는 각각 황금홀과 주판, 똥바가지를 들고 구름을 타고 이 세상으로 내려왔습니다.

이 엠 바운즈는 비유 끝에 이런 질문을 합니다. "그때 세 천사들의 사명감에 차이가 있었을까?"

하나님께서 이루신 큰 일 뒤에는 언제나 하나님께서 쓰시는 사람이 있습니다. 성경은 바로 하나님께서 하나님의 사람을 통해 행하신 위대한 일들의 기록입니다. 구약에서 만나는 믿음의 조상 아브라함, 이스라엘의 구원자 모세, 위대한 임금 다윗, 능력의 사람 엘리야 같은 사람들이 모두 그러하고, 신약에서 만나는 열두 사도와 바울 같은 사람이 그러한 사람들입니다.

그 기록들을 대하며 우리가 반드시 잊지 말아야 할 사실이 하나 있습니다. 바로, 그들이 그렇게 위대한 일에 쓰임 받은 사람들로 나타나기까지, 하나님께서는 그들이 혼자 일하게 하신 것이 아니라는 사실입니다.

언제나 그 이름이 혁혁한 인물들 뒤에는, 이름 없이 빛도 없이 그 이름의 그늘 아래서 자신의 이름은 잊은 채 섬겼던 신앙의 사람들이 있었습니다. 그리고 그들의 섬김을 통하여 큰 일을 할 수 있었던 하나님의 사람들은, 자신이 아무리 하나님께 크게 쓰임 받고 있다 하더라도 그렇게 이름 없이 빛도 없이 자신과 함께 하나님을 섬겼던 사람들을 결코 잊지 않았습니다. 자신을 섬기는 사람이 아니라, 함께 하나님을 섬기는 사람으로 인정하며 귀하게 여겼던 것입니다.

## 하나님이 역사하시는 교회

하나님께서 역사하시는 교회들을 살펴보노라면, 하나님께서는 하나님이 일하실 만한 구조를 잘 갖추고 있는 교회에서 보다 잘 역사하심을 알게 됩니다. 기도만 많이 한다고 해서 교회가 저절로 되는 것도 아니고,

성경만 잘 교육한다고 해서 교회가 성장하는 것도 아니며, 행정력이 우수하다고 해서 교회가 하나님의 영광을 잘 드러내는 것도 아닙니다. 교회에는 상부·중부·하부 세 개의 구조가 있는데, 그 구조가 모두 건강하고 튼튼할 때 하나님의 손에 붙들려 힘차게 역사하는 교회가 됩니다.

그러면 그 세 구조는 구체적으로 무엇일까요?

먼저 제일 위의 상부 구조는 영성(spirituality)입니다. 살아 있는 복음이 선포되고 하나님과 친밀한 교제와 위로부터 쏟아 부어지는 성령의 은혜는 상부 구조에 속합니다. 이러한 성령의 역사로써 죄인들은 회심하고, 성도들은 그 회심의 은혜를 보존합니다.

그 다음으로 중부 구조는 기능(function)입니다. 교회의 조직이 합리적이고 효율적이며, 여러 기능들이 질서 있으면서도 역동적일 때 교회는, 어그러지고 뒤틀린 세상을 향해 힘차게 나아갑니다. 초대 교회 당시, 사도들은 과부들을 구제하는 일에 직접 앞장섰습니다. 사실 이것은 좋은 일이었습니다. 그러나 동기는 선했으나 좋은 결과를 내지는 못했습니다. 오히려 이 일은 사도들의 영적 권위를 흔들었고, 히브리파 과부들과 헬라파 과부들을 서로 원망하게 만들었습니다. 그래서 반성이 일어났고, 그들은 자신들이 기도와 말씀을 제쳐놓고 공궤하는 일에 나서는 것이 옳지 않다고 생각하였습니다. 그들은 다른 사람을 세워서 하는 것이 좋겠다고 판단하여 일곱 집사를 세웠습니다. 그 결과 초대 교회에는 다시 하나님의 말씀이 흥왕하는 역사가 일어났습니다.[9] 이와 같은 교회의 합리적인 조직

---

9) "온 무리가 이 말을 기뻐하여 믿음과 성령이 충만한 사람 스데반과 또 빌립과 브로고로와 니가노르와 디몬과 바메나와 유대교에 입교한 안디옥 사람 니골라를 택하여 사도들 앞에 세우니

과 그에 따른 충성스런 역할 수행, 이것이 바로 중부 구조입니다.

마지막으로 하부 구조는 물질(material)입니다. 신령한 예배를 위하여 사치스러운 교회당이 필요하지는 않지만, 방해받지 않고 말씀에 집중할 수 있는 환경일 때에 회중은 설교에 집중하여 말씀을 잘 깨달을 수 있습니다. 또 잘 갖춰진 교육시설은 성인들과 자라나는 세대들을 보다 잘 교육시키는 데 필수적인 요소입니다.

그런데 여기서 우리가 유의해야 할 것은 상부 구조가 모자라는 것을 중부 구조로 대신할 수 있다거나, 하부 구조가 없어도 중부 구조만 있으면 충분하다거나 하는 것은 결코 아니라는 것입니다. 이 세 가지 구조가 모두 모자람 없이 건강할 때, 교회는 힘차게 하나님을 위해서 일할 수 있는 역량을 갖추게 됩니다.

## 하나님이 쓰실 만한 사람

비단 교회뿐 아니라, 한 사람의 그리스도인의 삶도 마찬가지입니다. 요셉의 생애는 지금까지도 많은 사람들을 놀라운 은혜와 감동의 세계로 초청합니다.

요셉이 애굽의 총리의 자리에까지 오르게 된 것은 모두 하나님의 은혜였습니다. 그러나 그렇다고 해서 하나님께서 강권적으로 그에게 은혜를

---

사도들이 기도하고 그들에게 안수하니라 하나님의 말씀이 점점 왕성하여 예루살렘에 있는 제자의 수가 더 심히 많아지고 허다한 제사장의 무리도 이 도에 복종하니라"(행 6:5-7).

쏟아 부으시고 이끄시어, 전혀 준비가 되어 있지 않았던 그를 어느 날 높은 자리로 끌어올리신 것은 아니었습니다. 모든 것은 하나님의 은혜로 이루어진 일이었지만, 우리는 그가 하나님께서 쓰실 만한 모든 것을 갖춘 사람이었다는 것을 부인할 수 없습니다.

요셉은 앞에서 말한 세 가지를 모두 갖춘 사람이었습니다. 첫째로 요셉은 영성이 있는 사람이었습니다. 우리는 그가 바로의 꿈을 명쾌하게 해석해 내는 것을 보며, 그가 소유한 영성을 짐작할 수 있습니다. 실제로 요셉의 명쾌한 꿈 해석과 현명한 대안 제시를 듣고 바로는 자신의 신하들에게 "이와 같이 하나님의 신이 감동한 사람을 우리가 어찌 얻을 수 있으리요"(창 41:38)라고 말했습니다. 바로까지도 요셉의 영성을 인정하였던 것입니다. 그 다음으로 요셉은 기능에 있어서도 뛰어난 사람이었습니다. 그에게는 한 나라를 이끌어 나갈 만한 경영 능력과 정치력이 있었습니다. 그리고 이 모든 것은 그가 보디발의 집에서 가정 총무의 일을 보며, 익히고 터득한 것이었습니다. 마지막으로 그는 신뢰감을 주는 사람이었습니다. 그는 정직한 눈빛을 가진 건실한 청년이었습니다. 바로가 보기에 그는 세움직한 인물이었습니다. 그래서 바로는 "너는 내 집을 치리하라 내 백성이 다 네 명을 복종하리니 나는 너보다 높음이 보좌뿐이니라"(창 41:40)고 말하며, 요셉을 애굽 온 땅의 총리로 삼았습니다.

이처럼 요셉이 만민이 멸망당하는 때에 자신의 민족을 건져 낼 수 있는 인물이 된 것은 모두 하나님의 은혜였지만, 이것은 한편으로 그가 쓰임 받을 준비를 갖춘 인물이기 때문이기도 하였습니다. 그러므로 우리는 우리에게 맡겨진 사명을 감당하는 데 있어서, 하나님의 은혜를 의지하는 동시에, 스스로 하나님께서 쓰실 만한 사람의 자격을 갖추어 나가야 합니다.

그러나 이것은 하나님이 쓰실 만한 구조를 우리 안에 잘 갖추어 하나님께 크게 쓰임받는 사람이 되겠다는 야망을 품는 것으로는 결코 이루어지지 않습니다.

요셉은 하나님 앞에 좋은 사람이 되고 싶어했지, 민족의 구원자가 되고 싶어했던 것은 아니었습니다. 그는 하루하루의 삶에 충실한 사람이었을 뿐, 총리의 지위에 오르기를 꿈꾼 사람은 아니었습니다. 그의 야망은 이 세상의 그 무엇이 아니라, 오직 하나님이었던 것입니다.

여러분! 하나님께서는 하나님의 목적과 필요에 따라 우리를 유능하게도 하시고, 높은 자리에 올리기도 하실 것입니다. 그러나 그것은 모두 하나님을 위해서 그렇게 된 것일 뿐이므로 인생의 가치와 아름다움은 우리의 지위나 유명세에 있는 것이 아닙니다.

우리의 인생의 참된 가치와 아름다움은 그처럼 허무한 것에 있는 것이 아니라, 오직 하나님께 있습니다. 우리의 인생의 가치는 세상이 우리를 어떻게 기억하느냐에 따라 결정되는 것이 아니라, 하나님께서 우리를 어떻게 기억하느냐에 따라 결정되는 것임을 잊지 마십시오.

## 사람에게는 드러나지 않았던 사람, 버시

우리가 여기서 살펴보고자 하는 사람은 그리스도인이라면 누구나 알고 있는 인물, 바울이 아닙니다. 많이 수고하며 바울을 도왔지만 역사에 드러나지 않았던 인물, 버시(Persis)입니다. 버시는 로마서 16장에 등장하는 사람으로, 아마도 대다수의 사람들에게 생소한 인물일 것입니다. 그의 이름은 성경에서 단 한 번만 거론될 뿐더러, 그의 행적 역시 거의 가려져 있기 때문입니다.

전후 문맥으로 보건대, 여기에서 '버시'는 여성의 이름임에 틀림이 없습니다. '버시'는 희랍어로 '페르시스'(Περσίς)인데, 이는 페르시아사람(Persian)을 의미하는 '페르시코스'(Περσικός)의 여성형이기 때문입니다. 이 여인은 족속을 가리키는 보통명사로 이름을 대신할 만큼 하찮은 신분이었던 것으로 추측됩니다. 이처럼 '버시'는 역사에 남을 특별한 존재가 아니라, 이름조차 특별한 의미를 갖지 못했던 지극히 낮은 여인이었습니다.

저는 언젠가 차를 타고 가다가, 높이 솟은 산들을 바라보며 우리네 인생과 비슷하다는 생각을 한 적이 있습니다. 이 세상에 있는 산들은 참 제각각입니다. 높은 산이 있는가 하면 낮은 산도 있고, 나무가 많은 산이 있는가 하면 돌산도 있습니다. 수량(水量)이 풍부한 계곡을 가진 산이 있는가 하면, 그렇지 못한 산도 있습니다. 사실, 저 역시 젊었을 때에는 '우리나라 산은 왜 올망졸망한 동산 같기만 한 것일까? 우리나라에는 왜 록키산맥이나 알프스 산맥을 찍은 화보에서 본 것처럼 만년설이 하얗게 쌓인 크고 높은 산이 없을까?' 하는 불만 아닌 불만을 가지기도 했었습니다.

그런데, 나이가 들면서 생각이 바뀌었습니다. 모든 산은 그 모습 그대로 아름답다는 것을 배운 것입니다. 7-8천 미터가 넘는 영봉들이 줄지어 서 있지 않으면 어떻습니까? 2백 미터를 간신히 넘는 동네 뒷산이라 할지라도, 그 속에는 에베레스트 산에서는 결코 볼 수 없는 아름다움이 숨겨져 있습니다. 뒷동산을 오르며 에베레스트 산의 장엄함을 누릴 수 없듯이, 에베레스트 산을 오르며 뒷동산의 아기자기한 아름다움과 운치를 기대할 수는 없는 것입니다.

언젠가 도봉산을 오르다가, 눈에 들어오는 절경에 경탄을 마지않았던 적이 있습니다. 특히 경기도 송추 쪽으로 넘어가서 도봉산의 뒷자락을 보니 앞에서 보는 것과는 비교도 될 수 없을 정도로 예뻤습니다. 저는 그때 그 산을 바라보며 금강산이 가장 좋고 설악산은 그 다음이고 하는 식의 순위 매김이 얼마나 의미 없는 일인지 깨달았습니다. 설악산은 설악산대로 아름답고, 금강산은 금강산대로 아름답습니다. 높은 산은 높은 대로, 낮은 산은 낮은 대로 아름다우며, 유명한 산은 유명한 대로, 알려지지 않은 산은 알려지지 않은 대로 귀합니다.

우리 인생도 마찬가지입니다. 이 세상의 자원을 많이 소유한 인생이 있는가 하면, 이 세상의 자원을 적게 소유한 인생도 있습니다. 세상에서 높이 드러난 인생이 있는가 하면, 세상이 도무지 알아 주지 않는 인생도 있습니다. 그러나 그러한 모든 것들은 하나님의 선하신 목적을 따라 각각 다르게 분여된 것일 뿐입니다.

하나님 앞에서 하나님을 위해 살아가는 인생은 그가 누리는 자원이나 명예나 권력에 상관없이 모두 귀하고 아름답습니다. 커다란 일에 쓰임 받는 인생은 커다란 일에 쓰임 받는 대로, 작은 일에 쓰임 받는 인생은 작은 일에 쓰임 받는 대로 귀하고 아름다운 것입니다.

사실, '크다, 작다', '중요하다, 하찮다' 의 구별은 인간의 판단일 뿐입니다. 우리에게는 작아 보이는 일이 하나님께는 큰 일일 수 있고, 우리의 눈에는 하찮아 보이는 사람이 하나님께는 중요한 사람일 수 있는 것입니다.

## 주 안에서 많이 수고한 버시

신약성경은 버시의 이름을 단 한 번만 언급하고 있습니다. 그러나 비록 단 한 번밖에 언급되지는 않지만, 버시는 하나님 앞에 결코 작은 사람이 아니었습니다.

성경은 버시에 대해 다음과 같이 말합니다. "주 안에서 많이 수고하고 사랑하는 버시"(롬 16:12下). 사실 이 구절은 바로 앞에 나오는 "주 안에서 수고한 드루배나와 드루보사에게 문안하라"(롬 16:12上)와 견주어 보면 그 감격적인 어조가 더욱 살아납니다.

로마서의 말미를 장식한 바울의 긴 인사에 그 이름이 거론 되는 것을 보아, 드루배나와 드루보사는 바울에게 매우 소중한 동역자들이었을 것입니다. 그들은 초대 교회를 위해 많은 헌신을 하였을 것이며, 바울 역시 그들을 향해 하나님의 마음으로 기뻐하며 감사하고 있었을 것입니다. 그러나 그들에게는 '주 안에서 수고한'이라는 수식어만이 붙어 있을 뿐입니다.

하지만 뒤에 나오는 버시에게는 "많이"라는 말과 "사랑하는"이라는 말이 첨가되어 있습니다. 바울은 버시를 "주 안에서 많이 수고하고 사랑하는 버시"라고 부르고 있습니다. 이 표현을 통해, 우리는 버시가 바울은 물론 하나님의 마음에도 물같이 녹아 내릴 듯한 감동으로 다가오던 사람임을 알게 됩니다. 바울이 버시를 향해 이렇게 물같이 녹아 내리는 듯한 마음을 품을 수밖에 없었던 것은 버시의 섬김 때문이었습니다.

성경은 버시를 '주 안에서 많이 수고한' 이라고 묘사합니다. 버시는 주 안에서 수고한 사람이었습니다. 주 안에서 수고했다는 것은 예수 그리스도가 그의 섬김의 동기가 되어, 다른 사람들이 뭐라고 하든지, 다른 사람들은 어찌하든지 예수 그리스도만 바라보며 섬기겠노라고 뜻을 세우고 섬겼다는 것입니다. 그러므로 '주 안에서 수고했다' 는 것은 그냥 '수고했다' 는 것과 다릅니다.

한 사람이 일하면, 그것이 어떤 일이든지 그냥 일하는 것입니다. 그런데 주님을 사랑하는 사람이 일하면, 그것이 어떤 일이든지 하나님을 섬기는 것입니다.

우리는 주변에서 종종 하나님을 섬기다가 낙심하는 사람들을 보곤 합니다. 그들이 낙심케 되는 가장 주된 이유는 그들의 시선이 하나님이 아니라 사람에게 향해 있기 때문입니다. 그들의 시선이 게으르고 태만한 동역자에게 향해 있기에, 그들의 시선이 자기 자랑하기 좋아하는 다른 지체들에게 향해 있기에, 그들의 시선이 아무리 힘을 다해 섬겨도 도무지 깨어지려 하지 않는 오만한 양들을 향해 있기에 그들은 낙심케 됩니다.

우리의 시선이 하나님을 떠나 다른 사람을 보게 될 때, 우리의 마음에는 '나는 이렇게 이름 없이 빛도 없이 봉사하면서 힘쓰는데, 누구는 유람하듯이 교회생활을 하는 구나.' 하는 생각이 들기 때문입니다. 그런 마음을 품게 되면, 고단한 섬김 가운데에서 누리던 은밀한 영적 기쁨들이 모두 사라집니다. 그렇게 섬기는 것은 주안에서 하는 섬김이 아니기 때문입니다.

여러분은 어떤 사람입니까? 여러분의 친구들, 가족들, 동역자들에게 여러분은 어떤 사람입니까? 하나님의 마음에 여러분은 어떤 사람입니까? 하나님의 마음을 아릿한 기쁨과 감동으로 적시는 사람은 하나님을 깊이 사랑하며 하나님을 위해 많이 수고하는 사람입니다. 하나님께서는 그들의 섬김을 보시며 기뻐하시고, 그들의 고단한 수고를 보시며 아릿한 감동을 느끼시기 때문입니다.

## 예수님의 마음을 품은 섬김

다니엘을 생각해 보십시오. 그의 직업은 요즘으로 말하자면 고위직 공무원이었습니다. 그는 바벨론을 잘 다스리기 위해 정책을 결정하고 자문하고 각료회의를 주재하였습니다. 즉, 그는 바벨론을 위해 일했지, 하나님의 교회 건설에 참여했다든가 제사를 주관했다든가 한 것은 아니었습니다. 그런데 다리오 왕은 사자굴에 갇혔던 다니엘을 향해, 다음과 같이 말했습니다. "사시는 하나님의 종 다니엘아 너의 항상 섬기는 네 하나님이 사자에게서 너를 구원하시기에 능하셨느냐"(단 6:20下).

불신자인 다리오 왕도 다니엘을 보며, 그가 비록 자신으로부터 급료를 받으며 바벨론의 정사를 돌보고는 있지만, 그는 자신을 섬기는 것이 아니라 하나님을 섬기고 있는 중임을 알았던 것입니다.

그러므로 교회의 일을 한다고 해서 하나님의 일을 하고 있는 것이 아니며, 회사 일을 한다고 해서 하나님의 일을 하고 있지 않은 것이 아닙니다. 일 자체가 그 일의 의미를 결정하는 것이 아니라, 그 일을 하고 있는 사람의 마음과 신앙이 그 일의 의미를 결정합니다.

그러므로 중요한 것은 그 사람이 어떤 일을 하고 있느냐가 아니라 어떤 마음으로 그 일을 하고 있느냐입니다. 그래서 예수님의 마음을 품고 섬긴다면 그가 어떤 일을 하고 있든지 그는 하나님을 위해 일하고 있는 사람이지만, 예수님의 마음을 품지 않고 섬긴다면 그가 아무리 거룩한 일을 하고 있어도 그는 자신의 일을 도모하고 있는 사람입니다.

사실 이름 없이 빛도 없이 섬긴다는 것 자체가 예수 그리스도의 마음을 품었다는 것을 전제합니다. 예수 그리스도의 마음을 품지 않고서는 이름 없이 빛도 없이 살 수 없습니다. 이름 없이 빛도 없이 섬기는 것은 우리 안에서 우리는 죽고 예수 그리스도만이 살아 있어야 가능하기 때문입니다. 우리 안에 자기사랑이 버젓이 살아 꿈틀대는데, 어떻게 생색도 나지 않는 삶을 달가워할 수 있겠습니까? 예수 그리스도의 마음이 우리 안에 살아 있지 않다면, 우리가 왜 우리를 낮추고 죽이며 희생하겠습니까?

그러므로 한 사람이 정말로 예수 그리스도를 사랑하는 마음으로, 어떤 한 가지 일에 이름 없이 빛도 없이 오래도록 봉사하고 있다면 그는 진실로 예수 그리스도와 연합된 사람입니다.

여러분에게 묻겠습니다. 여러분은 지금 이 시간, 하나님 앞에서 자신 있게 "하나님! 저의 마음은 지금 주님을 섬기고 있습니다. 가정에서 청소를 하고는 있지만, 저는 지금 하나님을 섬기고 있는 중입니다. 제가 무엇을 하든지, 제가 어디에 있든지 제 마음은 늘 하나님을 섬기고 있기 때문입니다."라고 말할 수 있습니까?

그리스도인이라는 이름으로 살고 있는 사람들 중에 너무나 많은 사람들이 삶의 전 영역을 통해 하나님을 섬기는 삶에 대해 무지합니다. 그들은 이분법적인 사고 속에서 하나님의 일과 나의 일을 생각하며, 하나님께 자신의 삶의 일부를 헌신하고 있는 것만으로 자기의 할 바를 다하고 있다고 생각합니다. 그러나 그리스도인은 집에서도 직장에서도 교회에서도 그리스도인입니다. 교회에서만 하나님의 일꾼이고, 교회 밖에서는 자연인 김 아무개가 아닌 것입니다.

자신의 삶을 돌아보십시오. 하나님의 종으로 살고 있습니까? 혹시 자신의 필요를 위해, 자신이 오히려 하나님을 부리려 하고 있지는 않습니까? 하나님을 위해 사는 삶이 아니라면, 그 어떤 삶도 살맛 없는 삶입니다. 하나님을 위해 살아가는 사람은 시련과 고통 속에서도 영혼의 희열과 만족을 느끼지만, 자기를 위해 살아가는 사람은 부귀영화 속에서도 영적 허무와 갈증을 느낍니다.

섬기도록 하신 것이야말로 우리가 받은 은혜 중 가장 큰 은혜입니다. 섬김의 자리도 섬김의 능력도 섬김의 마음도 모두 하나님께서 주신 것입니다. 그러므로 섬김의 기회를 가졌다면, 그러한 기회를 가졌다는 사실 자체에 감사하며 마음을 다해 섬겨야 합니다.

## 사랑하는 버시

또한 사도 바울은 버시를 '사랑하는 버시'라고 묘사합니다. 그런데 이 구절을 원문을 따라 보다 정확하게 번역하자면 '사랑을 받는 버시'입니다. 여기서 '사랑하는'이라고 번역된 원문은 희랍어 성경에서 수동태로 표현되어 있기 때문입니다.

그러면 과연 누구로부터 사랑을 받는다는 것일까요? 버시를 사랑한 주체는 두말할 필요도 없이 하나님과 사도 바울, 그리고 로마 교회에 있는 모든 그리스도인들입니다.

하나님의 일을 열심히 감당하고 있는 것처럼 보이는 사람들 중에 독선적인 사람이 상당히 많다는 것은 우리들에게도 잘 알려진 사실입니다. 그래서 우리는 충성스러운 열심으로 불꽃처럼 살아가는 사람들에게서 거친 성품을 보기 쉬우며, 간혹 그들의 과격한 충성심으로 인해 상처 입기도 합니다. 그래서 하나님을 열심히 섬기면서 다른 사람들로부터 사랑까지 받는 사람은 보기 드뭅니다.

그런 이유로, 때때로 어떤 사람들은 오히려 사람들에게 비난을 받는 것이 하나님 앞에 충성스럽게 섬기고 있는 증거인 것처럼 오해하기도 합니다. 하지만 이것은 모두 우리가 인격적으로 미성숙한 존재들이기 때문에 나타나는 결과입니다.

죄악으로 가득한 이 세상에서 하나님을 섬기며 살기 위해서는, 어느 정도의 '거룩한 강인함'(holy toughness)은 필수적입니다. 흔들리지 않는 열심, 사람들의 말에 쉽게 좌지우지되지 않는 자기확신이 있어야 하는 것입니다.

　물론 그러한 것들을 가지고 있는 것과 독선적인 것은 결코 같지 않습니다. 그러나 본래 불완전한 존재인 인간은 자신도 모르는 사이에 거룩한 강인함이 독선적인 고집으로 치우치기도 합니다.

　그런데 버시는 하나님을 열심히 섬긴 사람이었으나 거칠어진 인격의 사람은 아니었습니다. 버시는 사랑받을 만한 성품의 사람이었습니다. 그래서 많은 사람들이 버시를 친한 벗으로, 좋은 동역자로 여겼습니다. 그녀는 많은 일을 했음에도 불구하고, 그 일들 속에서 거칠어지지 않고 오히려 보다 온유해졌던 것입니다. 그래서 그녀는 하나님과 동역자들과 성도들에게 특별한 사랑을 받았습니다.

　세상을 살아가다 보면, 풍파 많은 세월을 보냈기 때문에 거칠고 황폐한 성품을 갖게 된 사람을 만나게 되는가 하면, 풍파 많은 세월을 보냈기 때문에 깊이 다듬어진 인격을 갖게 된 사람을 만나기도 합니다. 신앙에서도 이것은 마찬가지입니다. 많은 일을 하며 많은 고초를 겪었기에 완악해진 사람도 있고, 많은 일을 하며 많은 고초를 겪었기에 거룩해진 사람도 있습니다.

　그러면 과연 무엇이 이렇게 다른 결과를 빚어내는 것일까요? 그것은 바로 하나님과 어떤 관계를 맺고 있는가 하는 것입니다. 하나님과 올바른 관계를 맺으면서 하나님을 섬기는 사람은 섬기면 섬길수록 더욱 하나님의 성품을 닮아갑니다.

　그러나 하나님과의 올바른 관계없이 자신의 열심이나 사람들의 평판에 사로잡혀 하나님을 섬기는 사람은 섬기면 섬길수록 거칠어집니다. 그래서 전자의 사람은 자신의 사역 속에서 함께 일하는 지체들을 세워 가는 반면, 후자의 사람은 자신의 사역 속에서 함께 일하는 사람들에게 상처를 입힙니다. 후자의 사람들이 지나간 자리에는 늘 상처 입은 영혼들이 즐비합니다. 일은 성공적으로 이루어 낼지 모르나, 그것은 하나님의 기쁨과는 거리가 먼 섬김인 것입니다.

## 복된 시대에 태어난 이유

사랑하는 여러분! 우리는 너무 많은 것을 누리며 살고 있습니다. 우리는 완벽한 신앙의 자유 속에서, 신앙의 선배들이 그들의 삶 전체를 드려 깨달은 값진 교훈들을 너무나 쉽게 섭취하며 살아갑니다. 그러면 하나님께서는 우리에게 왜 이렇게 좋은 환경을 주셨을까요? 우리는 그저 운이 좋아서 마음대로 예배할 수 있고, 전도할 수 있는 이 땅에 태어난 것이 아닙니다. 거짓 교훈이 판을 치는 시대에 태어나지 않고, 격동의 종교 전쟁 시기에 태어나지도 않고, 지금 태어난 것은 모두 우리를 향한 하나님의 계획이 있으시기 때문입니다.

하나님께서는 우리들을 향한 깊은 뜻이 있으시기에, 우리를 지금 여기 이 모습으로 두셨습니다. 그 뜻이 무엇일까요? 받은 은혜를 따라 이 어두운 세상에서 빛으로 살아가라는 것, 힘이 진하도록 섬기며 살아가라는 것이 아닐까요?

이 땅의 모든 그리스도인들이 세계를 가슴에 품고 도처에서 들려 오는 주님의 흐느낌을 듣는 자들이 되었으면 좋겠습니다. 이 세상 구석구석 우리가 섬기고 봉사할 곳은 수없이 많습니다. 굳이 멀리 갈 것도 없습니다. 우리가 살고 있는 이 나라만 해도, 우리의 섬김을 절실히 필요로 하는 곳이 너무나 많습니다. 관심을 가지고 살펴보지 않아서 모를 뿐, 우리가 예배드리고 있는 교회와 우리가 속해 있는 가정 안에도 우리의 섬김이 간절히 요구되는 곳이 분명 있습니다.

오늘날 우리가 가지고 있는 기도 제목을 돌아보십시오. 우리가 고통 받고, 좌절하고, 힘들어 하는 이유는 하나님 앞에 감히 내어 놓기 부끄러운 것들이 대부분입니다. 모진 시대를 살다간 신앙의 선배들이 우리의 알량한 고민들을 듣는다면, 혀를 차며 한탄할 것입니다. 풍요로운 신앙의 유산을 누리며, 말할 수 없는 신앙의 자유 속에서 사는 사람들이, 고작 그런 고민에 휩싸여 하나님을 섬기기에도 부족한 시간을 낭비하고 있냐며 호통을 칠 것입니다.

여러분! 너무나 잘 갖춰진 환경 속에서 살다 보니, 우리가 부패해져 가고 있는 것은 아닐까요? 교회의 규모가 커지면 커질수록, 가만히 와서 편안한 환경에서 살짝 예배만 드리고 흔적 없이 사라지고 싶어하는 그리스도인들이 많습니다. 그리고 이름 없이 빛도 없이 섬기는 사람은 점점 줄어듭니다.

그러나 어느 때이건 우리의 시대와 교회가 가장 절실히 필요로 하는 것은 자기는 감추어지고 오직 하나님만이 드러나기를 바라는 마음으로 섬기는 착한 일꾼입니다.

하나님의 나라를 위해서는 바울처럼 그 이름이 널리 알려진 사역자도 필요하지만, 버시처럼 이름 없이 빛도 없이 섬기는 사람도 필요합니다. 누군가가 이름 없이 빛도 없이 섬기는 섬김을 감당해야 합니다.

여러분! 하나님께 은혜를 많이 받았습니까?

하나님께 사랑의 빚이 많습니까?

그렇다면 여러분이 바로 버시처럼 섬겨야 할 사람입니다.

제5장 **섬김의 태도(1)**

# 헌신, 자기를 다 드린 섬김

"예수의 뒤로 그 발 곁에 서서 울며 눈물로 그 발을 적시고
자기 머리털로 씻고 그 발에 입맞추고 향유를 부으니"

누가복음 7장 38절

**헌신**, **자기를** 다 드린 섬김

　일생 동안 고아와 가난한 사람들을 섬기는 일에 헌신했던 클레멘스 마리아 호프바우어(Clement Mary Hofbauer)의 일화입니다.

　여느 때와 마찬가지로 그는 모금을 하기 위해 모자를 들고 레스토랑으로 들어갔습니다. 그런데 그날따라 교회라면 질색을 하는 한 남자가 레스토랑에 앉아 있었습니다. 그 남자는 호프바우어가 성직자임을 한 눈에 알아보았습니다. 호프바우어가 다가가자, 그는 찌푸린 표정을 지으며 크게 호통을 쳤습니다. "아니, 나에게 돈을 맡겨 두었소? 어떻게 나에게 돈을 달라고 할 수 있지? 내가 당신에게 돈을 줄 것 같소?"라는 폭언과 함께, 호프바우어의 얼굴에 침을 뱉었습니다.

　레스토랑에 있던 사람들은 모두 놀라 두 사람을 바라보았습니다. 사람들은 호프바우어가 무척 화를 낼 것이라고 생각했습니다. 그러나 뜻밖에도 호프바우어는 조용히 손수건을 꺼내 얼굴을 닦고는, 부드럽고 겸손한 태도로 그 남자에게 말했습니다. "당신이 지금 뱉은 말과 당신이 지금 뱉은 침은 나를 위한 것이었습니다. 그러니 이제 나의 불쌍한 사람들을 위해서도 무엇인가를 주십시오."

호프바우어가 정중한 태도로 모자를 내밀었을 때, 그 남자는 매우 큰 감명을 받아 지갑 안에 들어 있던 돈을 전부 모자 속에 털어 넣을 수밖에 없었습니다.

## 상이한 기록

예수 그리스도께 향유 부은 여인에 대하여 성경은 네 번 보도하고 있습니다. 그런데 재미있는 것은 그 기록에 조금씩 차이가 있다는 점입니다. 마태복음과 마가복음은 베다니 문둥이 시몬의 집에서 한 여자가 나아와 식사하시는 예수님의 머리에 향유를 부었다 하고, 누가복음은 한 바리새인의 집에서 그 동네의 죄인인 한 여자가 예수님의 발에 향유를 부었다고 하고, 요한복음은 베다니의 한 곳에서 나사로의 동생 마리아가 예수님의 발에 향유를 부었다고 합니다.

그래서 어떤 사람들은 이것이 두 가지 다른 사건에 대한 기록이라고 보기도 합니다. 또 어떤 사람들은 이 기사가 모두 동일한 한 가지 사건에 대한 보도라고 봅니다. 이 향유 부은 사건에 대한 조금씩 상이한 기록들은 그것을 바라본 시점의 차이가 빚어낸 결과일 것이라 추측하는 것입니다. 때때로 그 사건을 보는 시점과 관점에 따라 한 가지 사건이 이렇게 조금씩 다르게 서술될 수도 있습니다. 이러한 시각으로 본다면, 향유를 머리에 부었다고 하는 것이나, 발에 부었다고 하는 것이나 그리 큰 차이가 없습니다.

## 침묵 속의 섬김

이 여인의 섬김의 첫 번째 특징은 침묵 속에서의 섬김이었습니다. 누가복음은 다른 복음서에 비해 이 향유 부은 여인의 이야기를 비교적 길게 다루고 있습니다.

그런데 이상한 점이 하나 있습니다. 아무리 살펴보아도 이 사건의 주인공이라 할 수 있는 여인의 대사가 한마디도 나오지 않는 것입니다. 이 여인이 행한 일을 두고 예수님과 제자들, 그리고 예수님을 초대한 바리새인 사이의 대화는 길게 오갔으나 정작 이 여인은 한마디도 하지 않았습니다. 그 어떤 항변이나, 설명도 없이 그저 자신이 섬겨야 할 바를 섬겼던 것입니다.

이것은 그녀가 할 말이 없는 사람이었기 때문이 아닙니다. 사실 이 사건 속에서, 그녀만큼 할 말 많은 입장에 처한 사람도 없습니다. 그녀가 그 집에 온 것은 무엇을 바라고 온 것이 아니라, 오히려 자신의 가장 귀한 것을 예수 그리스도께 바치기 위해서였습니다.

그날, 그 집에 모인 사람들 중 그녀보다 더 귀한 것을 예수님께 바친 사람은 없었습니다. 만약 그녀가 그렇게 하고자 했다면, 자신의 섬김을 그들 앞에 과시할 수도 있었습니다. 그러나 그녀는 자기가 온 이유는 전혀 알려 하지 않은 채, 멸시의 눈길로 자신을 바라보는 사람들 속에서 잠잠했습니다.

그뿐만이 아닙니다. 그들은 이 여인의 진심 어린 섬김을 자신들의 주관대로 판단하고 비난했습니다. 그 향유를 모으는 데 아무 기여도 하지 않았으면서, 그 향유를 소비하는 데에는 굳이 참견하려 들었습니다. 그러나 그 속에서도 그녀는 침묵하였습니다.

예수님께서 그녀를 칭찬하셨을 때도 마찬가지였습니다. 예수님께서 그녀의 마음을 헤아려 주셨고, 사람들 앞에서 그녀를 세워 주셨습니다. 그러므로 그녀는 연신 자신을 힐난하던 사람들을 향해 당당하게 나아가 이렇게 말할 수 있었을 것입니다. "내가 무엇을 잘못하였습니까? 나를 두고 뭐라고 하지 말고, 당신들이나 잘 하십시오."

그러나 그녀는 아무 말도 하지 않았습니다. 자신이 얼마나 대단한 것을 바치고 있는지 생색내려 하지도 않았으며, 자신의 섬김을 두고 왈가왈부하려는 사람들과 논쟁하려 하지도 않았고, 예수님께서 자신의 섬김을 칭찬해 주셨다고 해서 으스대지도 않았습니다. 그녀는 그저 말없이 오직 예수님만 바라보며 자신의 할 바를 했습니다. 이것이 바로 참된 섬김의 모습입니다.

하나님을 섬기다 보면, 하고 싶은 말을 가만히 가슴 속에 묻어 두어야 할 때가 있습니다. 물론 하나님의 일을 더 효과적으로 잘 해나가기 위한 제안이나 토론은 필요하며, 우리의 섬김을 보다 아름답고 순전하게 만들기 위한 말이라면 아끼지 말아야 합니다. 그러나 그것이 하나님의 일이 잘 되기를 바라는 사모함 속에서 기인한 말이 아니라고 판단된다면, 가능한 입 밖으로 뱉어 내지 말아야 합니다.

그런데 우리는 너무나 자주 우리의 불만을 하나님의 일의 효율성을 위한 제안인 듯 치장하여 뱉어 냅니다. 우리의 불평을 하나님의 일에 대한 걱정인 듯 위장하여 뱉어 내는 것입니다. 이러한 모든 것은 사악한 태도입니다. 우리가 아무리 교묘하게 위장해도 하나님께서는 아십니다. 우리가 무엇인가 털어놓으려고 할 때, 그것이 정말 자신의 의견과 증언을 통해서 하나님의 일이 더 잘 되기를 원하는 사모함에서 털어놓는 것인지, 아니면 힘들고 원망스러워 불평하는 것인지 하나님께서는 너무나 잘 아십니다.

하나님을 섬기는 사람 중 구구절절한 사연이 없는 사람은 없습니다. 누구나 억울하고, 어렵고, 힘든 점들이 있습니다. 그러나 진심으로 하나님을 섬기는 사람은 그러한 것들을 사람들 앞에 떠벌리지 않고, 그것을 가슴에 깊이 묻어 두는데, 그들로 하여금 그렇게 반응할 수 있게 만드는 것이 인내입니다. 그리고 그 인내는 사랑의 열매입니다. 즉, 사랑이 있으면 오래 참을 수 있고, 사랑이 없으면 오래 참을 수 없는 것입니다.

사도 바울은 분명히 하나님께로부터 부르심을 받은 사명자였습니다. 그런데 고린도교회의 일부 교인들이 자꾸만 바울의 사도직을 부인했습니다. 그러자 사도 바울은 다음과 같은 증거를 들어 자신이 사도임을 입증하였습니다. "사도의 표 된 것은 내가 너희 가운데서 모든 참음과 표적과 기사와 능력을 행한 것이라"(고후 12:12).

사실 표적과 기사와 능력을 행한 것이 사도됨의 징표가 된다는 것에는 쉽게 수긍이 갑니다. 그러나 '참는 것'이 사도됨의 징표가 된다는 것은 선뜻 이해가 되지 않습니다. 그런데 바울은 참음을 표적과 기사와 능력을 행한 것보다 더 먼저 이야기했습니다. 즉, 오래 참는 인내야말로 그 무엇보다 우선하는 사도됨의 징표라 생각했던 것입니다.

십자가를 지고, 하나님께서 자신에게 맡겨 주신 사명의 길을 걸어갔던 사람들을 생각해 보십시오. 그들은 모두 과묵한 사람들이었습니다. 그들에게도 특별한 사연이 많았습니다.

원래 이 세상에서 하나님을 더 잘 섬기려고 애쓰는 사람일수록, 사연이 더 많은 법이고 그러한 사연들은 모두 피에 절은 사연들입니다. 그러나 그들은 그 사연들을 모두 가슴에 묻었습니다. 굳이 그 사연들을 말하지 않아도 하나님께서는 그들의 마음을 누구보다 잘 헤아려 주실 것이기에, 그들은 고난 받는 자신의 섬김 속에 이런 저런 말들을 섞을 필요를 느끼지 못했던 것입니다.

예수 그리스도의 생애를 묵상해 보십시오. 그분의 지상 생애는 끝없는 사랑과 희생으로 점철된 생애였습니다. 그런데 그분이 그렇게 섬기시면서, 한번이라도 자신의 섬김을 자랑하시거나 자신의 섬김에서 오는 불만을 토로하신 적이 있습니까?

십자가를 지시는 그 순간까지, 이름 없이 빛도 없이 마땅히 자신이 섬겨야 할 바를 묵묵히 섬기셨습니다. 그래서 이사야 선지자는 예수 그리스도께서 오시기 7백여 년 전에 이미 다음과 같이 예언하였습니다. "그가 곤욕을 당하여 괴로울 때에도 그 입을 열지 아니하였음이여 마치 도수장으로 끌려가는 어린 양과 털 깎는 자 앞에 잠잠한 양같이 그 입을 열지 아니하였도다"(사 53:7).

사랑하는 여러분! 참된 섬김에는 말이 필요 없습니다. 그러나 우리는 말이 너무나 많습니다. 섬김은 적고 말만 많기에, 우리의 섬김은 하나님께 영광을 돌려 드리기 보다는 교회를 아프게 할 때가 많습니다. 지체들에게 위로가 되고 격려가 되는 대신 오히려 상처를 주는 때가 많습니다.

우리는 향유 부은 여인의 섬김을 통해, 말을 아끼는 섬김의 아름다움을 봅니다. 그렇습니다. 섬김에 있어서 말은 그다지 필요하지 않습니다. 흔히 말의 유무를 그 사람의 유능함이나 무능함 때문이라고 생각하는데, 이것은 사람의 됨됨이나 능력 여하에 달린 일이 아닙니다. 섬기면서 쓸데없이 말이 많은 것은 그에게 예수 그리스도의 정신이 없기 때문입니다. 예수 그리스도의 마음을 품지 않는다면, 유능하면 유능해서 말이 많고, 무능하면 무능해서 말이 많습니다.

예수 그리스도의 정신으로 섬기고 있습니까? 예수 그리스도의 정신으로 섬기는 사람들은 잠잠한 양 같습니다. 그들의 섬김에는 땀과 눈물이 가득할 뿐, 구차한 말들이 오가지 않습니다.

작은 일 하나를 섬기면서도 은혜롭지 않은 말이 많은 것은 그 사람의 섬김이 예수님의 정신에 입각한 섬김과 얼마나 거리가 먼 것인지를 보여줍니다. 그러므로 이름 없이 빛도 없이 섬기기 위해서는 말없이 섬겨야 합니다. 그래서 기쁨과 보람을 사람들의 칭찬이나 평판에서 찾지 않고, 예수 그리스도께 만족과 기쁨을 드렸다는 데에서 찾아야 합니다.

## 눈물로 가득 찬 섬김

이 여자의 섬김의 두 번째 특징은 눈물로 가득 찬 섬김이었습니다. 얼마나 많이 울었던지, 그녀의 눈물은 예수님의 발을 흥건히 적실 수 있을 정도였습니다(눅 7:38). 그러면 대체 이 여인은 왜 그렇게 울었을까요?

이 여인이 흘린 눈물의 의미는 바로 '감사'였습니다. 그녀는 자신의 모든 것을 바치면서도 우쭐거리는 마음을 품는 대신 오히려 그렇게 섬길 수 있음을 한없이 감사하였습니다. 그래서 그녀의 섬김에서는 말이 사라지고, 예수 그리스도를 향해 복받쳐 오르는 감사의 눈물이 가득 찼습니다.

사랑하는 여러분, 여러분에게 섬길 수 있는 기회와 섬길 수 있는 능력이 있습니까? 그렇다면 그 사실 자체에 감사하며, 충성스럽게 섬기십시오. 아무리 가진 것이 많고 능력이 뛰어나다 할지라도, 시간이 흐르면 어쩔 수 없이 섬김의 자리를 비우고 떠나야 합니다. 지금은 이기적인 자기사랑 때문에 섬길 수 없지만, 그때가 되면 마음이 있어도 시간과 힘이 없기에 불가능해지는 것입니다. 그러므로 힘과 건강이 있고, 신앙이 있을 때, 하나님을 잘 섬기면서 살아야 합니다. 지금 우리 앞에 벌어진 많은 일들 중에, 하나님을 섬기는 일보다 더 시급하고 중요한 일은 없습니다.

우리에게는 저마다 주어진 생의 날들이 있습니다. 그런데 그 길이가 반드시 하나님을 섬긴 날들의 길이와 비례하는 것은 아닙니다. 어떤 사람은 많이 살지만 적게 섬기고, 어떤 사람은 적게 살지만 많이 섬깁니다.

여러분은 어떻습니까? 지금까지 살아온 시간들 중에, 하나님을 위해 섬긴 날들은 얼마나 됩니까? 나 같은 죄인을 불러 이 소중한 섬김의 자리에 세워 주셨다는 사실 자체에 감사하며, 세상 사람들이 나를 알아 주지 않고 나의 섬김을 칭찬해 주지 않아도, 이름 없이 빛도 없이 하나님만을 섬기면서 산 날들이 얼마나 됩니까?

## 영원을 바라보는가

한동안 아침에 눈뜰 때마다, 저는 거의 매일 이런 생각을 했습니다. "아, 이 아침이 천국에서 맞이하는 아침이면 얼마나 좋을까." 그러나 그런 마음이 정말로 간절함에도 불구하고, 마음 한편으로는 또 하루의 날이 나에게 주어졌다는 사실로 인해 안도를 느낍니다. 당장 하나님 앞으로 가기에는 아직 섬긴 것이 너무나 없기 때문입니다.

하나님께서는 우리에게 약속하셨습니다. "저희가 다시 주리지도 아니하며 목마르지도 아니하고 해나 아무 뜨거운 기운에 상하지 아니할지니 이는 보좌 가운데 계신 어린양이 저희의 목자가 되사 생명수 샘으로 인도하시고 하나님께서 저희 눈에서 모든 눈물을 씻어 주실 것임이러라"(계 7:16-17).

그런데 막상 우리가 그분 앞에 섰을 때, 우리의 눈에 씻어 줄 만한 눈물이 없다면 이 얼마나 부끄러운 일입니까? 예수님께서는 약속하셨습니다. "모든 눈물을 그 눈에서 씻기시매 다시 사망이 없고 애통하는 것이나 곡하는 것이나 아픈 것이 다시 있지 아니하리니 처음 것들이 다 지나갔음이러라"(계 21:4).

그 나라에 이르러 주님을 뵈올 때까지 우리는 이 약속의 말씀을 붙들고, 우리의 눈물을 씻기실 하나님의 손길을 기다리며 이 땅에서 많이 수고하며 섬겨야 합니다. 그래서 우리의 참된 섬김은 늘 영원에 잇대이는 섬김입니다. 영원을 바라보는 믿음 없이는 이름 없이 빛도 없이 섬길 수 없습니다. 영혼을 바라보는 믿음은 화려한 이 세상 속에 깃들여 있는 유한자의 허무를 인식하는 일 없이는 소유할 수 없습니다.

요한계시록의 저자 사도 요한은 복음을 증거하고 주님을 섬겼다는 죄목으로 박해를 받고, 밧모 섬에 유배되었습니다. 한번 묵상해 보십시오. 사랑의 교제를 나누던 사람들로부터 떨어져, 90세가 넘는 노구를 이끌고 외딴 섬에 유배되었습니다. 그때 그의 마음이 어떠하였겠으며 그의 고난은 어떠하였겠습니까? 그러나 그 속에서도 그는 온전히 하나님을 의뢰하며 영원을 바라보았습니다. 그래서 밧모 섬에 조금이라도 편한 거처를 마련하는 일에 신경 쓰는 대신, 더욱 하나님의 계시의 빛 앞으로 나아갔습니다. 하나님을 위해 수고하였기에 가게 된 그곳에서, 하나님께서 주신 계시를 기록하며 다시 하나님을 위해 일했던 것입니다.

그는 이 땅의 것보다는 하나님 나라의 것을 더 사모하였고, 자신의 일보다는 하나님의 일을 더 중요하게 생각했습니다. 그리고 그렇게 영원을 바라보며 섬겼기에, 그는 예수 그리스도께서 "내가 속히 오리라" 하실 때 대답할 수 있었습니다. "아멘 주 예수여 오시옵소서"(계 22:20).

그렇게 대답할 수 있었던 것은 그가 사랑하는 것 중에는 예수 그리스도가 오실 때 잃게 될 것이 아무것도 없었기 때문입니다. 그러나 하나님을 섬기지 않고, 자신을 위해서 산 사람에게는 예수 그리스도께서 다시

오실 때 잃어버릴 것이 너무나 많습니다. 하나님 이외에도 사랑하는 것이 너무나 많기 때문입니다.

여러분! 여러분은 생이 무엇을 위해 주어진 것이라고 생각합니까? 우리에게 생이 허락된 것은 섬겨야 할 하나님이 있고, 그 하나님을 위해 수고하여야 할 사명이 있기 때문입니다. 그러므로 하나님을 섬기지 않고, 그저 자신의 안위를 돌보는 데에만 급급하여 살아가는 것은 옳지 못합니다.

섬김의 자리는 언제나 예수님을 사랑하는 사람에게 잘 보이기 마련입니다. 우리가 눈을 감고 있기에 보이지 않는 것이지, 눈을 뜨고 교회 구석구석, 이 세상 여기저기를 돌아보면 얼마나 섬길 곳이 많은지 모릅니다. 이 땅에는 우리의 몸이 열 개라도 다할 수 없는 많은 일들이 우리의 섬김을 기다리고 있습니다.

그런데 신기하게도 그러한 섬김의 필요는 주님을 사랑하는 사람들의 눈에만 보입니다. 그래서 그들은 부르는 사람이 없고 강요하는 사람이 없음에도 불구하고, 주님의 사랑에 붙잡혔기에 남의 눈에는 잘 보이지도 않는 그 구석진 자리에서 이름 없이 빛도 없이 섬기게 됩니다.

사랑하는 여러분, 우리의 가치는 이 세상에서 얼마나 많은 재물을 누리고, 얼마나 높은 지위에 올랐느냐에 의하여 결정되는 것이 아닙니다. 그것은 단지 삶의 한 양태에 불과합니다.

우리의 가치는 하나님의 만족입니다. 우리가 이 땅에 있음으로 인해 하나님께서 얼마나 흡족해 하시는가? 우리의 존재, 우리의 섬김을 통해 하나님께서 기뻐하고 계시는가? 이것이 바로 우리 인생의 참된 가치의 척도입니다.

## 자신을 하찮게 여기는 섬김

이 여인의 섬김의 세 번째 특징은 자기를 하찮게 생각하는 것이었습니다. 누가복음에는 예수님의 발 위에 눈물을 뚝뚝 떨어뜨린 후에 그 눈물을 황망하게 머리털로 씻어 내는 장면이 등장합니다.

아시다시피 팔레스타인에는 모래가 많고, 먼지도 많습니다. 그래서 당시 사람들은 샌들을 즐겨 신었는데, 걸어 다니다 보면 샌들은 물론 발에까지 먼지가 자욱하게 됩니다. 그래서 자신의 집에 손님이 올 경우, 집주인은 제일 먼저 발 씻을 물부터 내어 놓는 것이 일반적인 접대 예법이었습니다.

그런데 뒤에 나오는 예수님과 집주인이 나누는 대화로 미루어 보건대, 이 날 예수님께서 방문하셨던 집 주인인 시몬은 예수님을 그렇게 대접하지 않았던 것 같습니다. "여자를 돌아보시며 시몬에게 이르시되 이 여자를 보느냐 내가 네 집에 들어오매 너는 내게 발 씻을 물도 주지 아니하였으되 이 여자는 눈물로 내 발을 적시고 그 머리털로 씻었으며"(눅 7:44).

무슨 이유였는지 알 수 없지만, 예수님께서는 그 집에 들어서셨을 때 발 씻을 물을 대접받지 못하셨습니다. 그러므로 식사 자리에 기대 앉으신 예수님의 발은 결코 깨끗했을리 없습니다. 그런데 그때 당시의 식사 습관대로, 기다란 소파 같은 의자 위에 비스듬히 기대어 계신 예수 그리스도의 곁으로 한 여인이 다가왔습니다.

문맥으로 볼 때 그 여인은, 비천한 사회적 신분과 기타 여러 가지 이유로 인해서 그 집에 정식으로 초청받지는 못했던 것 같습니다. 그래서 그녀는 당당하게 예수님 앞으로 걸어 들어오는 대신, 살며시 예수님의 뒤에 섰습니다. 그리고 그 여인은 "이제 제가 값비싼 향유로 당신을 섬기겠으니, 영광을 받으십시오." 하고 뻐기듯 말하는 대신, 조용히 예수님의 발치에 섰습니다. 예수님의 곁에 섰다는 사실만으로도 그녀의 눈에서는 뜨거운 눈물이 흘러내렸고, 그 여인이 흘린 눈물은 그대로 예수님의 발에 떨어져 먼지로 덮힌 그분의 발을 적셨습니다. 그러자 이 여인은 자신의 머리를 풀어 눈물로 적셔진 예수님의 발을 씻어 냈습니다.

예로부터 머리털은 여자에게 있어 기품의 상징으로, 남자로 치면 수염과 같은 것이었습니다. 즉, 남자에게 수염이 매우 존귀한 것처럼, 여자에게 머리털은 신체 중 특별히 더 존귀하게 여겨지는 부분이었던 것입니다. 그런데 이 여인은 자신의 머리카락으로 예수님의 먼지 묻은 발을 씻어 내는 일을 망설이지 않았고, 그러한 그녀의 태도에서 우리는 이 여인의 마음속에 있었던 자기비하의 의지를 읽어 낼 수 있습니다.

칼빈(John Calvin)은 죄로 가득 차고 부패한 인간이 하나님 앞에 거룩한 삶을 살아가기 위해 가장 먼저 가져야 할 태도는 철저한 자기비하의 정신이라고 말했습니다. 자신의 전적 무가치에 대한 인식이 있을 때 비로소 성화의 삶을 살아갈 수 있기 때문입니다.

그런데 여기서 그가 말하는 '자기비하'는 부당한 낮아짐이 아니라, 정당한 낮아짐입니다. 사실을 왜곡하여 스스로를 낮춘 것이 아니라, 사실을 정확히 깨달았기에 갖추게 된 낮아짐인 것입니다. 이러한 정당한 낮아짐은 언제나 예수 그리스도의 십자가 앞에서 획득됩니다. 십자가를 통해 구속의 큰 사랑을 느낄 때, 자기 자신의 정확한 모습과 직면하게 되기 때문입니다. "나는 아무것도 아닙니다."라고 하는 철저한 자기비하의 고백이 없이는 소리 없이 빛 없이 주님을 섬길 수 없습니다.

설령 우리가 최고의 섬김으로 하나님을 섬기고 있다 할지라도, 그 섬김은 하나님께 충분히 어울릴 만한 것이 아닙니다. 우리의 섬김을 하나님께서 기뻐 받으실 만한 것이라고 우리 스스로가 생각하는 것은 하나님의 위대하신 성품과 영광스러운 본성을 잘 모르는 무지에서 나온 오만함입니다. 우리는 하나님을 멀리 떠나 허랑방탕하게 살 때뿐 아니라, 그리스도의 피로 구속을 얻어 하나님을 섬기며 살 수 있는 귀한 특권을 소유하게 된 지금 이 순간에도 한없이 무가치한 존재입니다.

그러면 여러분에게는 이러한 질문이 떠오를 것입니다. '그것은 너무 자기학대적인 해석이 아닙니까? 우리가 왜 귀중하지 않습니까? 우리는 하나님의 형상을 따라 지음 받았고 이 세상에 존재합니다. 더구나 우리는 예수 그리스도의 핏값으로 구속을 얻었습니다. 성경도 우리를 왕 같은 제사장이라고 부르는데, 우리가 왜 무가치한 존재입니까?'

그러나 지금 여기서 말하고 있는 것은 우리 자신의 존재가 하찮기 때문에 우리 자신을 하찮게 여기라는 뜻이 아닙니다. 하나님이 너무나 존귀하고 영광스러우며 위대하신 분이기 때문에, 그분께 우리를 비출 때 우리는 가히 '아무것도 아니다.' 라고 고백하게 된다는 것입니다.

하나님께로 비춰 오는 찬란한 은혜와 영광의 빛의 외현적 발현 앞에서는 누구나 자기가 아무것도 아니라는 인식을 갖습니다. 아니, 아무것도 아니라는 정도의 인식이 아니라 존재할 수 없는 존재가 가당치 않게 실존하는 것과 같습니다.

이사야 선지자를 보십시오. 성전에서 하나님의 찬란한 영광을 보기 전까지, 그는 스스로를 제법 괜찮은 사람이라고 생각했습니다. 그러나 하나님의 영광의 빛이 찬란하게 비췄을 때, 그는 즉시 그 모든 것이 자신의 착각이었음을 깨달았습니다. 하나님의 영광의 빛 앞에 드러난 자신의 모습은 재앙에 가깝도록 비참한 모습이었기 때문입니다.

그래서 그는 고백합니다. "화로다 나여 망하게 되었도다 나는 입술이 부정한 사람이요 입술이 부정한 백성 중에 거하면서 만군의 여호와이신 왕을 뵈었음이로다"(사 6:5).

우리는 그의 이 고백에서 자신을 하찮게 여기는 정도가 아니라 자신의 존재 자체에 대해서 하나님께 송구해 하는 모습을 엿보게 됩니다.

여러분, 여러분은 이러한 영광을 경험해 보았습니까? 하나님의 찬란한 영광과 위엄 앞에서 자신의 초라함을 느껴 본 적이 있습니까? '나는 아무것도 아니다.'라는 인식에서 한걸음 더 나아가, 이렇게 생각해 보신 적이 있습니까? '내가 존재하고 있다는 사실이 하나님께 너무나 죄송하다.' 이러한 인식이야말로 모든 아름다운 섬김의 진정한 원천입니다. 그래서 같은 일로 섬기더라도 하나님의 영광의 빛을 보고 그 찬란한 은혜의 영광의 외현적 발현에 의하여 자신의 실체를 인식한 사람들의 섬김은 다릅니다. 그들의 섬김에는 '하나님만이 영광을 받으셔야 한다. 나는 아무것도 아니다.'라는 정신이 살아 있습니다.

그러므로 인간이 교만한 것은 모두 하나님의 영광의 빛을 보지 못했기 때문입니다. 하나님의 영광의 빛을 보지 못한 사람은 자기 자신을 중요하게 생각하기 때문에 섬기는 일보다는 섬김을 받는 일을 더 좋아합니다.

그러나 우리의 생애는 섬기기 위해 주어진 생애입니다. 따라서 성도가 되어서 일평생 섬김을 받기만 하다가 죽는 것은 신자로서 매우 비참한 인생일 것입니다.

세상은 왕처럼 군림하며 사는 삶에 갈채를 보내지만, 주님은 종처럼 낮아져서 섬기는 삶을 칭찬하십니다. 그러므로 우리는 자신을 가치 있게 생각하지 말아야 합니다. 그런데 이 인식은 다른 사람들의 시선이나 자신의 일을 바라볼 때는 올바로 생겨나지 않습니다. 자신을 가치 있게 여기지 않는 인식은 언제나 하나님을 바라볼 때 생겨납니다. 하나님의 영광의 빛 앞에 자기를 비춰 보며 자신을 확인할 때, 자신이 서 있는 섬김의 자리가 자기에게 얼마나 과분한 자리인지 비로소 알게 되기 때문입니다.

## 애정이 있는 섬김

이 여인의 섬김의 네 번째 특징은 애정이 있는 섬김이었다는 것입니다. 예수님의 발을 눈물로 적시고 머리카락으로 그것을 닦아 낸 사건이 그녀의 내면을 채운 겸비함의 정서를 보여 준 것이라면, 발에 입맞춘 사건은 그녀의 내면을 채운 예수님을 향한 사랑의 정서를 보여 주는 것이었습니다.

하나님께 드리는 모든 사랑은 엎드려서 드리는 사랑이어야 합니다. 경배의 정신이 포함되어 있지 않은 사랑은 우리 주님께 드리기에는 가당치 않은 것입니다.

본문의 이 여인이 예수님의 발에 입맞추는 모습을 상상해 보십시오. 예수님께서는 우리 무릎 높이 정도밖에 안 되는 의자에 비스듬히 기대어 계셨고, 이 여인은 그 뒤에 서 있었습니다. 이 여인의 키가 얼마나 됐을지는 알 수 없지만, 이 여인의 키가 아무리 작았다 할지라도 뻣뻣하게 선 채로 예수님의 발에 입을 맞출 수는 없었을 것입니다. 그래서 그녀는 무릎을 꿇고 자기를 낮춰서 예수님의 발 곁으로 자신의 입술을 가져 갔고, 고단한 사역 가운데 지치고 상하신 그 발에 마음을 담아 입을 맞추었습니다.

비록 이 여인은 아무런 말도 하지 않았지만, 그녀의 모든 행동은 백 마디 말보다 더 절절하게 그녀의 마음을 예수님께 전했습니다. 겸비한 마음으로 바닥에 무릎을 꿇은 여인의 태도에서, 우리는 이런 결단을 읽습니다. '저 자신과 저의 인생의 모든 가치를 주님의 발 앞에 복종시키겠습니다.' 그리고 예수 그리스도의 발에 입맞추는 여인의 행동에서 이런 고백을 듣습니다. '주여! 저는 주님 앞에 하찮은 죄인에 불과하지만 주님을 사랑합니다.'

사랑이라고 모두 같은 사랑이 아닙니다. 하나님을 향한 사랑은 친구나 애인끼리 주고받는 사랑과 같은 것일 수 없습니다. 하나님께 드리는 사랑에는 반드시 경배의 정신이 동반되어야 합니다. 따라서 위대한 창조주 앞에 자신의 가치 없음을 인식하고 그분의 위엄 앞에 철저하게 낮아진 상태에서 드리는 사랑이 아니면 그것은 하나님께 바쳐질 만한 사랑이 아닙니다.

섬김의 자리에서 우리가 가장 놓치기 쉬운 진리 하나는 하나님께서 가장 영광을 받으시고 싶어하시는 것이 신자의 마음이라는 사실입니다. 섬기다 보면 우리의 생각은 우리의 섬기는 자리와 그 섬김의 영역과 그 섬김의 결과를 통해 하나님께 영광을 돌리겠노라는 목표에 몰두하곤 합니다. 그래서 정작 가장 중요한 우리의 마음은 제대로 돌보지 못하기도 합니다. 그러나 하나님의 최우선적인 관심은 언제나 우리의 마음입니다.

하나님께서는 우리의 섬김이 어떠한 성과를 올리고 있는가 하는 것보다, 그렇게 섬기고 있는 우리의 마음이 무엇으로 가득 차 있는가를 먼저 살피십니다.

따라서 하나님을 위해 아무리 크고 가치 있는 일을 하고 있다 할지라도, 그 모든 것은 그의 마음이 진심으로 하나님을 사랑하며 하나님만을 향해 영광을 돌릴 때 비로소 의미가 있습니다. 사람들은 마음 없이 껍질만 호화로운 선물에 깜빡 속을지 모르지만, 하나님께서는 결코 속지 않으십니다. 그래서 이레에 두 번씩 금식하고 박하와 회향과 채소의 십일조까지 드린, 열심 있는 바리새인들이 하나님으로부터 인정을 받지 못한 것입니다. 힘써서 의무를 이행했지만, 예수 그리스도의 눈에 비친 그들은 회칠한 무덤이었습니다.

예수 그리스도를 향한 온전하고도 인격적인 사랑이 없으면 온전히 복종하고 싶은 마음도 없습니다. 그리고 이러한 상태로 계속 살아가다 보면, 결국은 아무런 표준 없이 자기 좋을 대로 살아가는 삶으로 나아가고 맙니다. 그런데 안타깝게도 우리 주위에는 사랑 없이 하나님을 섬기고 있는 사람들이 너무나 많습니다. 그들은 비록 자신의 섬김이 하나님을 향한 사랑에서 비롯된 섬김은 아니지만, 억지로라도 섬기다 보면 언젠가는 하나님을 사랑하게 될 것이라고 생각합니다.

그러나 일 자체가 우리를 하나님 앞으로 데려갈 수는 없습니다. 일은 일일 뿐, 그것으로 인해 하나님을 인격적으로 사랑하게 되는 것도 아니고, 하나님을 향한 사랑을 빼앗기게 되는 것도 아닙니다. 중요한 것은 일 자체가 아니라, 그 일 속에서 맺고 있는 자신과 하나님의 관계인 것입니다.

따라서 섬김은 철저하게 영적인 문제입니다. 섬김의 외형적인 모습들도 중요하지만, 그 외형적인 모습들을 하나님께서 받으실 만한 섬김으로 만드는 것은 늘 그 내면에 존재하는 진실한 사랑입니다. 하나님을 향한 진실한 사랑은 자신의 삶의 어느 한 부분이 아니라 총체적인 삶을 하나님의 뜻에 온전히 복종시키고자 하는 마음을 생겨나게 하는데, 이 마음이 바로 순종의 틀입니다.

성경조차 이 여인을 그냥 여인으로 기록하지 않고 '죄인인 한 여자'라고 부르고 있습니다(눅 7:37). 비록 더러운 죄인이었으나, 이 여인에게는 예수 그리스도 한 분을 향한 인격적인 사랑이 있었습니다. 그리스도인에게 있어서 예수님을 향한 진실한 사랑의 인격은 모든 은사보다 탁월합니다. 예수 그리스도를 향한 온전하고 순전한 사랑이야말로 복음의 진수이기 때문입니다.

사람을 사랑하면서 사는 일에는 피곤한 문제들이 생기기도 합니다. 진심으로 사랑하지만 그 사랑을 돌려 받을 수 없을 때도 있고, 배신의 두려움을 느낄 때도 있으며, 깊은 상처를 받을 때도 있습니다. 그러나 하나님을 사랑하면서 사는 사람에게는 부족할 것도, 두려울 것도 없습니다. 하나님께서는 자신을 사랑하는 사람들의 가슴에 상처를 주신 일이 없으시고, 그들을 혼자 외로이 내버려 두신 적도 없으십니다.

그러므로 여러분! 우리는 하나님을 사랑하는 일에 우리의 모든 것을 걸어야 합니다. 다른 모든 일에는 실패할 수 있어도, 하나님을 사랑하는 일에 있어서는 결코 실패해서는 안 됩니다. 고린도전서 13장에서 사랑의 아름다운 특성과 영원성을 노래한 사도 바울은 고린도 교인들을 향해 이렇게 외쳤습니다. "만일 누구든지 주를 사랑하지 아니하거든 저주를 받을지어다"(고전 16:22).

여러분의 인생의 목표는 무엇입니까? 이 세상에서 많은 부를 누리고 높은 지위에 오르는 것이 우리 인생의 목표일 수는 없습니다. 그것은 모두 잠시 있다가 사라지는 것들일 뿐입니다.

우리가 이 땅에 존재하는 동안 추구해야 할 인생의 참된 목표는 하나님께 온전한 사랑을 받고 그 사랑을 힘입어 하나님을 온전히 사랑하는 것, 오직 그것입니다. 그 사랑을 소유한 자들은 비천한 자 같으나 존귀한 자들이요 무명한 자 같으나 유명한 자들이요 버림 받은 자 같으나 구원받은 자들입니다. 이런 사랑을 가슴 가득 담고 존귀, 영광, 모든 권세를 주님께 돌려 드리고, 주님이 세워 주시는 곳이 어디든지 그곳에서 이름 없이 빛도 없이 섬기는 사람을 볼 때 주님의 마음이 얼마나 기쁘시겠습니까?

그러므로 우리는 그 사랑을 마음에 품은 사람이 되어야 합니다. 바로 이 일을 위해서, 예수님께서는 죽으셨습니다. 바로 이 일을 위해서 하나님께서는 오늘도 우리에게 은혜를 베푸십니다.

## 모두 바친 섬김

이 여인의 섬김의 다섯 번째 특징은 자신의 것을 모두 드린 것입니다. 같은 사건을 다루고 있다고 생각되는 마태복음에 따르면 이 여인이 예수님께 부어 드린 향유의 가치는 3백 데나리온이었습니다. 당시 한 데나리온은 해뜰 때부터 해질 때까지 장정 한 사람이 일한 품삯이었으므로, 이것을 지금의 화폐 가치로 환산하면 약 3천만 원 가까이 되는 큰 돈이었습니다. 그런데 이 값비싼 향유를 이 여인은 예수님께 모두 부어 버렸습니다.

이 여인에게 향유는 그저 귀하고 값비싼 물품에 지나지 않았던 것이 아니라, 모든 것이었습니다. 우리들의 섬김 속에 내재된 가장 큰 문제는 하나님을 섬기려 하되, 스스로 한계를 정해 놓고 그 안에서만 섬기려 하는 것입니다. 이러한 태도로 섬기는 사람의 섬김은 늘 힘들고 어렵습니다. 자신이 소유한 자원에서 미리 한계선을 그어 놓고 있기 때문에 예상보다 더 많은 것을 드려서 섬겨야 하는 상황에 맞닥뜨리게 될 때 갈등이 일어날 수밖에 없고, 그러다 보니 처음 가졌던 순수한 마음을 잃어버리고 마는 것입니다.

어느 교회에서 있었던 일입니다. 보다 넓은 예배당이 필요하게 되어 땅을 구입하였는데, 그 부지에는 비록 허름하긴 했지만 이미 건물이 들어서 있었습니다. 그래서 그 건물을 고쳐서 쓸 것인지 허물고 다시 세울 것인지를 두고 의견이 갈리게 되었습니다. 건물을 고치는 비용에 예산을 조금만 더 들이면 아예 새로 지을 수 있다는 주장이 설득력을 갖게 되어, 결국 건물을 허물고 새로 짓는 쪽으로 결정을 내리게 되었습니다. 그런데 막상 공사를 시작하고 보니, 공사 비용이 처음 예상보다 자꾸만 불어났습니다. 예상했던 비용보다 훨씬 더 많은 비용이 들었음에도 불구하고 예배당 건물은 아직 완공되지 않았고, 여전히 추가 예산이 필요한 상황이 되었습니다. 교회의 상황이 이렇게 되자 교인들간에 큰 분란이 일어났습니다. 공사 비용이 처음에 생각했던 금액을 크게 초과하자, 수리 비용과 신축 비용이 별로 차이가 나지 않는다는 말에 설득되어 신축 계획에 동조했던 사람들이 신축을 강력히 추진했던 사람들과 의견 충돌을 빚게 된 것입니다. 그래서 교회를 짓기 전에는 서로에 대해 예의 바르고 인격적이던 교인들이, 적극적으로 대적하며 싸우게 되었습니다.

이 이야기를 들으며 저는 두 가지를 생각했습니다. 첫째로 정확한 판단이 참 중요하다는 것이고, 둘째로 사람들은 헌신을 함에 있어서도 자신이 정해 놓은 한계 안에서만 헌신하려 하는 경향을 가진다는 것입니다. 그런데 스스로 헌신의 한계를 정해 놓고 그 안에서만 헌신하려 한다면, 그 사람은 이름 없이 빛도 없이 섬기는 사람이 아닙니다.

우리의 인생은 우리의 계획 안에서만 움직이는 것이 아니기에, 헌신을 하다 보면 애초의 계획보다 훨씬 많이 섬겨야 할 경우가 생깁니다. 그런데 스스로 헌신의 한계를 정해 놓고 있는 사람은 부득이 자신이 머리 속에 그리고 있던 것보다 더 많은 비용을 지불해야만 하는 상황이 발생했을 때, 기꺼이 드릴 마음을 품기가 어렵습니다. 그래서 "나 혼자 이것을 다하라는 것이냐? 왜 나만 이 모든 것을 다 감당해야 하느냐?" 하는 등의 불평을 쏟아 내게 되고, 그 결과 그의 섬김은 이름 없고 빛도 없는 아름다운 섬김과는 점점 더 거리가 멀어져 갑니다.

  자신의 모든 것을 다 드리는 태도로 헌신하지 못하는 것은 자신과 자신의 소유물에 대한 가치보다 헌신을 통해서 이루어질 하나님의 일들의 가치가 훨씬 더 월등함을 인식하지 못하기 때문입니다.

  성경 본문이 증언하고 있는 이 여인의 섬김을 보십시오. 일평생 모아 왔을 3백 데나리온이 넘는 향유를 그녀는 예수님께 부었습니다. 향유가 귀했지만 예수님보다 귀한 것은 아니었습니다. 그래서 그녀는 자신의 모든 것인 향유를 아낌없이 예수님을 위해 부었습니다. 그리고 예수님께서는 그녀의 이러한 섬김을 "이 여자의 사랑함이 많으니라"고 해석하셨습니다.

  섬기는 자리에 있습니까? 무엇인가 헌신을 요구받고 있습니까? 여러분에게 필요한 자세는 이 여인과 같은 마음입니다. 자기의 것을 헌신하되 무한대로 헌신할 수 있을 때, 예수님께서는 여러분을 이 세상 무엇보다 예수님을 깊이 사랑하는 사람이라고 인정해 주실 것입니다.

## 향기로운 섬김

  이 여인의 섬김의 마지막 특징은 향기였습니다. 한번 묵상해 보십시오. 한 여인이 예수님 곁으로 다가와 향유 옥합을 깨뜨렸고, 그것을 조용히 예수님께 부었습니다. 아마도 그 방 안은 금세 아름다운 향기로 가득 찼을 것입니다.

물론 이 여인이 향유를 부은 것은 그 방을 향기로 가득 채우기 위해서가 아니었습니다. 이 여인은 그저 예수 그리스도를 섬기기 원했을 뿐입니다. 그러나 그녀의 섬김은 예수 그리스도의 몸을 향기롭게 하였을 뿐 아니라, 그 방에 모인 모든 사람들에게 향기의 혜택을 누리게 하였습니다.

이 세상을 살아가다 보면, 하나님의 일을 열심히 하는 사람들 속에서도 거칠고 독선적인 사람을 만나곤 합니다. 사실, 충성된 사람을 찾는 것보다 더 어려운 일이 착한 사람을 찾는 일입니다. 거룩한 일을 하고 있음에도 불구하고 포악한 사람들이 우리 주위에는 너무나 많은 것입니다. 그들은 자기 일이 잘 되는 것에만 목표를 둘 뿐, 주위 사람들에 대한 배려나 예의는 생각지 않습니다. 심지어 거룩한 일을 하고 있다는 미명 아래 다른 사람을 자신의 일에 이용하기까지 합니다.

이러한 태도로 섬기고 있다면 그는 무슨 일을 하는지, 얼마나 잘하고 있는지에 상관없이 신앙적인 섬김에 실패한 사람입니다. 이러한 사람들의 섬김에는 시끄러운 소리만 요란할 뿐 향기는 없습니다. 이들은 예수 그리스도를 향한 사랑의 마음이 인격 속에 깊이 배어 있는 사람들이 아니기 때문입니다.

가는 곳마다 그리스도의 향기를 풍기는 사람들은 이름 없이 빛도 없이 섬기는 사람들입니다. 이름 없이 빛도 없이 섬기는 사람들에게서는 언제나 아름다운 인격의 향기가 풍겨 나고, 그 인격의 향기는 주위 사람들을 변화시킵니다.

소인배 같은 지도자에 의해 거사가 도모되면 상처 입은 수많은 사람들과 편이 갈린 채 으르렁거리는 패거리들이 만들어지지만, 군자 같은 지도

자에 의해 거사가 도모되면 그 일이 되어가는 과정을 통해 좋은 일꾼들이 세워지고 모든 사람들이 하나로 뭉쳐집니다. 간단히 이야기하느라 '소인배'와 '군자'라는 말로 전달이 되었지만, 이 두 경우의 지도자를 보다 정확히 표현하자면 '인격 속에 예수 그리스도의 향기를 머금지 못한 사람'과 '인격 속에 예수 그리스도의 향기를 머금은 사람'일 것입니다.

예수 그리스도의 섬김을 묵상해 보십시오. 그분의 섬김에는 항상 향기가 있지 않았습니까? 예수 그리스도께서 가시는 곳에는 하나님의 뜻이 이루어지는 것과 동시에 항상 그분의 인격의 향기가 풍겨 났습니다. 그리고 그 인격의 향기는 예수 그리스도께서 사라지신 뒤에도 오래도록 남아서, 지금 이 순간까지 사람들의 마음을 감동시키고 있습니다.

예수 그리스도께서 그렇게 향기로운 섬김으로 우리를 섬겨 주신 이유는 무엇입니까? 우리로 하여금 그 향기를 전하며 살게 하시기 위함이 아닙니까? 섬김의 고단한 현장 가운데에서 예수 그리스도의 향기를 물씬 풍기는 백합화 같은 그리스도인들로 살아가십시오. 그것이 우리를 향한 예수 그리스도의 기대입니다.

## 거품 속의 진실

지금 우리의 섬김에서 조금씩 거품을 걷어 내 보십시오. 우리에게 열심은 있지만 그것이 하나님을 향한 사랑에 기초하지 않은 것이라면 걷어 내고, 의무감에 쫓겨 억지로 한 것이라면 그것도 걷어 내고, 목청 높여서 가르치기는 했지만 삶이 없는 말뿐인 가르침이었다면 그것도 걷어 내십시오. 그리고 정말로 하나님 때문에 겸손과 눈물과 인내와 희생으로 자신을 모두 바치며 섬긴 것이 얼마나 있는지 바라보십시오. 우리가 순전한 마음으로 주께 하듯 섬기지 못하였기에, 우리의 수많은 섬김들은 우리를 성숙한 신자로 세워 주는 대신 자기 의를 쌓는 도구가 되었습니다.

사랑하는 여러분, 정말 진실하게 섬기고 있습니까? 자기 같은 죄인을 용서해 주시고 섬기도록 불러 주신 하나님의 사랑을 알고 진실하게 섬기는 사람들은 교만할 수 없습니다. 주어진 섬김에 아무리 최선을 다했다 할지라도, 아무도 '나는 나의 세워진 자리에서 충분히 낮아졌노라, 충분히 울었노라.'고 말할 수는 없기 때문입니다.

제6장 **섬김의 태도(2)**

# 낮아짐, 희생으로 드린 섬김

"종이 만일 너와 네 집을 사랑하므로 너와 동거하기를 좋게 여겨
네게 향하여 내가 주인을 떠나지 아니하겠노라 하거든
송곳을 취하여 그의 귀를 문에 대고 뚫으라 그리하면
그가 영영히 네 종이 되리라 네 여종에게도 일례로 할지니라"
신명기 15장 16-17절

## 낮아짐, 희생으로 드린 섬김

　18세기 초, 30년 동안의 종교전쟁으로 독일이 폐허가 되었을 때의 일입니다. 때마침 흑사병마저 돌아 독일 전체 인구 1천 6백만 명 중, 불과 6백만 명만이 살아남은 비참한 상황이었습니다. 더구나 기독교인들의 경우에는 전쟁으로 득세한 카톨릭의 탄압으로 그 형편이 더욱 어려웠습니다.

　모두들 그렇게 힘든 시기를 보내고 있던 1704년의 어느 날, 벤자민 슈몰크(Benjamin Schmolck) 목사가 부인과 함께 병든 교인을 심방하고 집으로 돌아왔습니다. 그런데 그의 눈앞에 기가 막힌 일이 벌어져 있었습니다. 교회와 사택이 불에 전소되고 있었던 것입니다. 슈몰크 목사는 잿속에서 서로 껴안고 타 죽은 두 아들의 시신을 발견했습니다. 그는 오랫동안 두 아들의 시체를 안고 울었습니다. 그리고 그렇게 한참을 있다가 조용히 기도를 드리기 시작했습니다.

> 내 주여 뜻대로 행하시옵소서 큰 근심 중에도 낙심케 마소서
> 주님도 때로는 울기도 하셨네 날 주관하셔서 뜻대로 하소서
> 내 주여 뜻대로 행하시옵소서 내 모든 일들을 다 주께 맡기고
> 저 천성 향하여 고요히 가리니 살든지 죽든지 뜻대로 하소서

후에 "내 주여 뜻대로 행하시옵소서!"라는 그의 이 고백은 한 곡의 유명한 찬송이 되어 성도들 사이에 불려지게 되었습니다.

## 스스로 자유를 포기함

'종' 이란 남의 집에 몸이 팔려 그 집에서 일을 해주던 사람을 가리키는 말로, 남에게 얽매인 채 그 명령에 따라 움직이는 사람입니다. 따라서 종이란, 매우 비천하고 부자유한 존재입니다.

그런데 이 종이란 말이 유독 교회에서는 특권층을 상징하는 말처럼 통용되며, 권위적인 느낌까지 자아냅니다. 정말 이상한 일이 아닐 수 없습니다. 이것은 모두 교회 안에서 참된 섬김의 정신이 점차 사라지고 있기 때문입니다.

너무나 많은 그리스도인들이 종으로서의 본연의 마음을 망각한 채, 종이란 무엇인가 고귀하고 거룩한 일에 종사하는 사람들이라고 생각합니다. 그러나 예수 그리스도께서 사람들의 주목을 끌 수 있는 고상한 일에 힘쓰신 것은 아닙니다. 오히려 세상 사람들의 몰이해와 비난을 무릅쓰고

창기와 세리를 만나셨습니다.

세상에서의 개념과 마찬가지로, 교회 안에서도 종의 개념은 자신의 호불호(好不好)에 상관없이 주인이 시키는 일을 충성스럽게 하는 존재입니다. 따라서 스스로를 '하나님의 종'으로 인식한다는 것은 자신의 뜻을 완전히 꺾은 채 하나님의 뜻에 복종하여야 할 존재로 스스로를 자리매김 한다는 것입니다.

성경 본문은 바로 이 '종'에 대해서 말하고 있습니다. 구약의 이스라엘 사회에도 노예의 부류에 속하는 사람들이 있었습니다. 그러나 그렇다고 해서 당시의 이스라엘 사회 속에 노예제도가 정착되어 있었던 것은 아닙니다. 특수하게도 히브리 민족의 사회는 노예라고 하는 신분만 있을 뿐, 노예제도는 없었습니다. 노예라는 신분이 영원히 벗어날 수 없는, 영원히 세습되는 것은 아니었기 때문이었습니다.

하나님께서는 이스라엘 사회가 이방 나라들처럼 노예제도라는 것을 통해 계급사회가 되고, 그것을 토대로 하여 노동력을 가지고, 나라를 부강하게 하고, 소수의 사람들을 잘 살게 하는 이런 체제가 되는 것을 원하지 않으셨습니다.

그러면 하나님께서는 어떻게 노예 신분의 세습을 막으셨을까요? 바로 '안식년'과 '희년'이라는 제도를 통해서였습니다. 안식년과 희년은 해방이 이루어지는 해였습니다. 즉, 빚을 너무 많이 져서 종으로 팔려 가더라도 이 때가 되면 자유인이 될 수 있었던 것입니다.

물론 이것이 언제나 제대로 지켜진 것은 아닙니다. 하나님을 믿는 신앙이 식어지고, 하나님의 공의를 두려워하는 인식이 떨어졌을 때에는 안식년이 되어도 노예들을 놓아 주지 않는 사람들도 나타났습니다. 그러나 대부분의 경우, 이 규례는 잘 지켜졌고 그 결과 이스라엘 사회는 노예는 있으나 세습노예는 없는 사회가 되었습니다.

## 풍성한 보상

성경은 말합니다. "네 동족 히브리 남자나 히브리 여자가 네게 팔렸다 하자 만일 육 년을 너를 섬겼거든 제 칠 년에 너는 그를 놓아 자유하게 할 것이요 그를 놓아 자유하게 할 때에는 공수로 가게 하지 말고 네 양 무리 중에서와 타작 마당에서와 포도주 틀에서 그에게 후히 줄지니 곧 네 하나님 여호와께서 네게 복을 주신 대로 그에게 줄지니라"(신 15:12-14).

즉, 안식년을 맞이하여 종을 내보낼 때에는 단순히 신분만 해방시켜 주는 것이 아니라, 스스로 독립해서 충분히 살아갈 수 있도록 보상까지 해주어 보내라는 것입니다.

하나님의 이 명령을 보면서, 여러분은 무엇을 느낍니까? 우리 하나님은 사람을 향해서도 충성과 헌신을 다하여 섬겨준 종에게 충분한 보상을 베풀도록 명령하시는 분이십니다.

이런 성품을 가지신 하나님께서 자기 좋을 대로의 삶을 포기한 채, 자신보다는 주인 되신 하나님을 위해 산 사람들을 위해서 얼마나 특별한 은혜를 베푸시겠습니까?

이 세상에서 종으로 살며 한 인간을 충실하게 섬길 때에도 풍성한 보상을 약속해 주셨거늘, 하물며 구속의 은혜를 힘입은 하나님의 자녀들이 하나님의 영광을 위해서 종처럼 살아갈 때는 얼마나 더 후히 갚아 주시겠는지 생각해 보십시오.

구약의 선지자들이나 신약의 사도들, 훌륭한 믿음의 선배들의 생애를 생각해 보십시오. 그들은 일생을 하나님을 위해 다 드렸습니다. 언뜻 보면 그들의 삶은 고통스럽고 험난하기만 합니다. 그러나 그들은 스스로를 이 땅에서 말할 수 없는 영화를 누린 그 어떤 사람들보다 행복한 존재라고 생각했습니다. 그들은 이 세상에서 얻는 전토나 부귀영화와는 비교도 되지 않는 놀라운 영적 축복들을 누리며 살았기 때문이었습니다.

하나님과의 바른 관계 속에서 하나님의 뜻에 복종하며 살아가는 삶은 때때로 더디 성공하는 것같이 보이기도 합니다. 그러나 그것은 어디까지나 아둔한 인간의 소견일 뿐, 하나님께서는 반드시 그러한 사람들에게 커다란 축복을 허락하십니다.

부디 잊지 마십시오. 우리가 이 세상을 살아가며 누릴 수 있는 것들 중에서 참다운 행복, 참다운 기쁨, 참다운 성공이라고 이름 붙일 만한 것들은 모두 오직 하나님께로부터 옵니다.

## 최고의 가치, 주인의 기쁨

성경 본문에서 우리는 매우 특별한 종을 만납니다. 그가 그 집에서 노예로 산 지도 6년이 지났습니다. 7년 째, 안식의 해에 이르자 주인은 그를 불러 이제 노예의 때가 끝났으니 이 재물들을 가지고 떠나라고 말했습니다. 그런데 자유를 주고 독립할 수 있는 재산까지 주었음에도 불구하고, 이 종은 눈물을 흘리며 그 집을 떠나지 말게 해 달라고 간청합니다. 율법에 의해 자유가 주어졌지만, 본인의 의사로 다시 종이 되겠노라 고백하고 있는 것입니다.

이것은 우리에게 복음에 대한 새로운 이해를 줍니다. 다른 모든 종들이 들뜬 마음으로 해방의 날을 기다리던 밤, 이 종은 누워서 걱정을 했습니다. '내일 아침에 떠나야 하는구나. 이제는 내 집에서 내 밭을 일구며 살 수 있겠지. 참 좋다. 하지만 이렇게 인자하고 자비로운 주인의 집을 떠나는 것은 너무나 싫다. 아, 어쩌면 좋을까?' 밤새 고민을 하던 종은 결국 결심합니다. '그래, 비록 율법이 나에게 자유케 되도록 명하였으나 나는 그 자유를 버리련다. 그리고 평생 사랑하는 나의 주인의 곁에서 그분의 종으로 살리라.'

드디어 이튿날 주인과 주인의 식구들이 떠나가는 사람들을 환송하기 위해 대문 앞까지 나와 있는데, 이 종은 떠나갈 생각은 하지 않고 주인 앞에 무릎을 꿇고 울며 간청합니다. "주인님, 제가 이곳을 떠나 어디에서 이렇게 화목하고 아름다운 가정을 볼 수 있겠으며, 어디서 주인님과 같이 은혜로운 분을 만날 수 있겠습니까? 주인님 없는 곳에서 자유를 누리고 사는 것보다, 주인님 곁에서 구속을 받으며 사는 것이 오히려 저에겐 행복입니다. 제가 비록 종이었으나, 이 집안에 들어온 날부터 지금까지 주인님은 한 번도 저를 노예로 취급하지 아니하시고, 기쁜 일도 슬픈 일도 저와 함께 나누시며 자식처럼 대해 주셨습니다. 주인님, 평생 주인님 곁에 머물게 해주십시오. 저를 받아 주십시오."

그러자 주인도 눈물을 흘리면서 이 종을 끌어안습니다. 그리고 이제 그를 받아들인다는 표시로 그 종의 귀를 기둥에 대고 송곳으로 뚫습니다. 이것은 영원히 그 집의 종이 되는 율법의 규례로, 종은 이것을 볼 때마다 자신은 자유인이었으나 스스로 종 되기를 자청하였다는 것을 생각하게 될 것입니다.

자유로운 신분이 되었음에도 불구하고, 스스로 노예가 되기를 자청한 것은 자신의 인생의 최고의 자산을 해방될 때 받는 몇 푼의 물질이 아니라 사랑하는 주인과의 사이에서 함께 누렸던 관계에 두었기 때문이었습니다. 그래서 이제 그는 신분은 종이지만, 사실상 그 주인의 가족이 되었습니다.

여러분, 우리는 예수 그리스도의 십자가 대속의 공로로 진노의 자녀에서 한 순간 빛의 자녀가 되었습니다. 우리는 하나님의 놀라운 은혜로 죄의 올무를 벗고, 자유를 얻었습니다. 그러나 그때 우리는 간청드렸습니다. "주여, 우리가 어디로 가겠사옵니까? 주께서 우리를 자유하라 하시나 주님이 없는 곳에는 자유도 없습니다. 우리는 주님의 종이 되어 주님의 곁에 머물고 싶사오니, 주여 받아 주시옵소서." 그리고 고백하였습니다. "주님만 있으면 우리는 행복합니다." 우리는 그렇게 고백하며 귀를 뚫은 것입니다. 이것이 바로 거듭난 신자의 정체입니다.

따라서 일평생 주인을 섬기는 즐거움으로 사는 것이 그리스도인의 삶입니다. 우리같이 가치 없는 죄인을 위해서 예수 그리스도께서 죽으신 것은, 우리를 우리의 육체와 정과 소욕을 따라 살게 하기 위해서가 아니라,

쇠하지 않는 영광과 마르지 않는 은혜를 위해 살아가게 하기 위함입니다. 그러므로 이 세상에서 가장 가련한 인생은 무엇인가를 얻어 보려고 하나님과의 관계를 뒷전으로 미룬 채 분주히 자기 욕심을 채우는 일에 몰두하는 인생입니다.

주인의 마음을 상상해 보십시오. 귀 뚫은 종을 볼 때, 주인의 마음은 어떠할까요? 그 어떤 불평이나 자랑도 없이, 그저 어떻게 하면 주인을 더 잘 섬길 수 있을까만을 궁리하며 묵묵히 자신의 일에 최선을 다하는 종을 보며 주인은 가슴 뭉클한 감동을 느낄 것입니다. 그 주인이 그렇게 귀 뚫은 종을 어떻게 종으로 여길 수 있겠습니까? 이제 주인에게 그 종은 친구요 가족일 것입니다.

## 바나바의 섬김

스스로 종이 되어, 자신의 흐려짐을 마다하지 않은 채 주를 섬긴 모본을 우리는 신약에서도 발견할 수 있습니다. 바로 바울과 동역했던 바나바의 섬김입니다. 바나바의 충성스러운 섬김을 보며, 우리는 우리가 얼마나 자주 우리의 섬김을 종같이 헌신할 기회가 아니라 좋은 평판과 성취감을 누릴 기회로 악용하는지 깨닫게 됩니다.

성경은 바나바의 사역을 다음과 같이 말합니다. "바나바는 착한 사람이요 성령과 믿음이 충만한 자라 이에 큰 무리가 주께 더하더라 바나바가 사울을 찾으러 다소에 가서 만나매 안디옥에 데리고 와서 둘이 교회에 일년간 모여 있어 큰 무리를 가르쳤고 제자들이 안디옥에서 비로소 그리스도인이라 일컬음을 받게 되었더라"(행 11:24-26).

저는 언젠가 이 구절을 읽으며 펑펑 울고 말았습니다. 사실 이 구절은 담담하게 복음 전파의 사건을 기록하고 있을 뿐입니다. 안디옥에서 몇 사람이 헬라인에게도 복음을 전하였는데, 하나님의 손이 그들과 함께 하여 수많은 사람들이 하나님께로 돌아왔습니다. 이 소식을 듣고 예루살렘 교회는 바나바를 보냈고, 그가 다소에 가서 사울을 데려와 함께 안디옥교회를 잘 권면하고 가르쳤더니 더 큰 무리가 하나님께로 돌아왔다는 것입니다(행 11:19-24).

제가 이 구절을 묵상하며 말할 수 없는 감동을 받았던 이유는 바나바 때문이었습니다. 교회가 해야 할 아름다운 섬김은 전도만이 아닙니다. 교회의 사명이 복음 전파와 영혼 구원임에는 틀림없지만, 구원받는 영혼들이 성령과 믿음이 충만한 착한 사람에 의해 따뜻하게 돌보아지고 가르침 받는 일들이 교회에는 반드시 필요합니다. 복음 전파와 돌봄이 균형 있게 수행되어져야 하는 것입니다.

추측컨대 바나바는 이 두 가지 일 중에서 영혼을 돌보는 일에 탁월한 재능이 있었던 것 같습니다. 아마도 바나바 역시 이 사실을 느끼고 있었을 것이고, 그는 사울과 함께 사역을 하는 것이 자신의 섬김에 있어서 하나님께 영광을 돌리는 데 여러 모로 유익하리라 판단하게 되었습니다. 결국 안디옥교회를 돌보던 바나바는 다소에 있는 사울을 찾아가 만납니다. 그리고 잘 권면하여 안디옥으로 데려옵니다.

이 사실만으로도 우리는 바나바가 얼마나 뛰어난 인품의 사람이었는지 알 수 있습니다.

　바나바는 사도행전 9장에서 사도 바울의 회심의 진정성을 변호해 주었던 사람입니다. 다메섹에서 예수님을 만난 후, 사울은 예루살렘으로 가서 제자들과 사귀고자 하였습니다. 그러나 예루살렘에 있던 그리스도인들은 그의 제자 됨을 믿어 주려 하지 않았습니다. 이 때 바나바는 사도 바울을 데리고 다른 사도들 앞으로 나아갔습니다. 그리고 바울이 예수 그리스도를 만나고 회심한 것이 사실임을 다른 사도들도 믿도록 직접 설득해 주었습니다. "사울이 예루살렘에 가서 제자들을 사귀고자 하나 다 두려워하여 그의 제자 됨을 믿지 아니하니 바나바가 데리고 사도들에게 가서 그가 길에서 어떻게 주를 본 것과 주께서 그에게 말씀하신 일과 다메섹에서 그가 어떻게 예수의 이름으로 담대히 말하던 것을 말하니라"(행 9:26-27).

　그런데 지금 사도행전 11장에 이르러 하나님께서 바울을 쓰시고자 하심을 깨닫게 되자, 기꺼이 하나님의 의도에 복종하며 자기를 낮추고 바울을 높였습니다.

　한번, 바나바의 입장에서 생각해 보십시오. 이 일이 과연 쉬웠을까요? 그는 이미 예루살렘 교회의 저명인사였으나, 바울은 이제 갓 회심한 사람이었습니다. 더구나 바울은 이제껏 예수 그리스도를 핍박하던 사람이 아니었습니까? 그러나 바나바는 "내가 예루살렘 교회의 저명인사인데, 내가 저보다 먼저 회심했는데……." 하며 불평하지 않았습니다. 그는 기꺼운 마음으로 다소에 가서 바울을 데려왔고, 바울의 이름에 가려지는 삶을 주저없이 선택했습니다.

## 착한 사람입니까

바나바와 바울은 안디옥에서 1년 동안 함께 머물며 사역을 했습니다. 아마도 바울은 복음을 전했고, 바나바는 그 복음을 듣고 온 영혼들을 잘 양육했을 것입니다. 이 두 사람의 사역으로 안디옥교회는 굳게 서 나갔고, 많은 영혼들이 유익을 누렸습니다.

이처럼 하나님께서는 사람을 홀로 일하게 하지 않으시고, 그 사람 주위에 다른 사람들을 붙여 주어 함께 연합하여 섬기게 하십니다. 그러므로 함께 섬길 사람을 잘 찾는 것도 하나님을 잘 섬길 수 있는 비결 가운데 하나입니다.

그래서 존 웨슬리(John Wesley)는 말했습니다. "당신이 그리스도인으로서 잘 섬기기 원합니까? 그러면 함께 섬길 동역자를 찾으십시오. 기독교는 혼자 믿는 종교에 대해 아는 바가 없습니다."

그런데 가끔 함께 섬기는 일을 매우 어려워하는 사람을 만나곤 합니다. 바로, 자기 혼자 하지 않으면 직성이 풀리지 않는 사람, 자기를 따르지 않는 사람을 향해서 적대감을 갖는 사람들입니다. 이런 사람은 하나님께서 아무리 많은 은사와 재능을 주셨다 할지라도 거의 쓸모가 없습니다. 일의 성패를 떠나, 그가 일하고 지나간 자리에는 상처 받은 사람들이 너무나 즐비하기 때문입니다.

따라서 바나바야말로 하나님께서 신약 교회에 주신 매우 특별한 선물이었습니다. 그는 자신이 하나님의 명령에 철저히 복종해야 하는 하나님의 종임을 잊지 않았습니다. 그래서 하나님께서 요구하시자 기꺼이 리더의 자리를 버리고 헬퍼의 자리로 나갔습니다. 그가 그러한 태도로 섬겼기에, 하나님께서는 그의 사역에 아낌없이 복을 부으실 수 있었습니다.

성경은 바나바에 대해 다음과 같이 이야기합니다. "바나바는 착한 사람이요 성령과 믿음이 충만한 자라"(행 11:24上).

성경에서의 '착하다'는 개념은 세상과 많이 다릅니다. 세상은 남에게 손해를 끼치지 않는 순하고 동정심 많은 사람을 착하다고 하는데, 성경은 하나님의 뜻에 부합하는 사람을 착한 사람이라고 말합니다. 따라서 우리는 성경의 이 표현을 통해 바나바가 하나님의 마음에 드는, 그의 존재 자체로 하나님께 인정을 받는 사람이었음을 알 수 있습니다. 바나바가 하나님으로부터 착한 사람이라는 칭찬을 들을 수 있었던 것은 그가 자신을 비우고, 종처럼 하나님을 섬긴 사람이었기 때문이었습니다.

사랑하는 여러분! 우리는 구원의 은혜에 감격하여 스스로 하나님의 종이 된 사람들입니다. 우리를 어디에 사용하시든지 그것은 주인 되신 하나님의 결정일 뿐입니다. 종은 자신의 일의 크고 작음이나, 자신의 이름의 들림에 연연하지 않습니다. 종은 자신을 위해 일하는 사람이 아니라 주인을 위해 일하는 사람이기 때문입니다.

## 크리스티•아노스

하나님을 깊이 의식하고, 어찌하든지 하나님의 마음에 맞게 섬기고자 애쓰는 사람은 여러 가지 어려운 일을 만나면서 놀라운 인격의 변화를 경험합니다. 무수한 본성적 깨어짐과 신령한 깨어짐들이 그의 섬김 가운데 동반되는 것입니다.

그런데 종의 자세로 섬기지 않는 사람의 경우, 깨어짐이 없습니다. 하나님의 칼 같은 말씀 앞에 자신을 세워서, 자신의 뼈가 도려 내어지고 살이 베어지는 것 같은 아픔을 감당하고서라도 하나님의 마음에 합하는 존재가 되고자 하는 갈망이 그에게는 없기 때문입니다.

성경은 바나바와 바울이 함께 사역을 했을 때, 비로소 예수님을 믿기 위해 따르는 사람들이 크리스티아노스(Χριστιανός)로 불리기 시작했다고 말합니다(행 11:26).

사실 명사 뒤에 붙은 '이아노스'(-ιανος)는 '어떤 대상에 예속된 자'를 뜻하는 경멸적 칭호로, '예수 그리스도의 추종자', '그리스도의 노예'라는 의미입니다. 즉, 세상 사람들이 볼 때 안디옥교회의 무리들은 '예수에 매인 사람들', '예수 그리스도의 노예와 같은 사람들', '예수 그리스도의 종'이었던 것입니다.

그런데 이러한 경멸적인 칭호를 듣는 것을 안디옥교회의 무리들은 기뻐했습니다. 이것은 초대 교회의 모든 성도들도 마찬가지였습니다.

여러분, 하나님께서는 구원받은 우리에게 자유를 주셨습니다. 실제로 우리는 예수 그리스도의 보혈의 공로로 자유케 되었습니다. 하나님께서는 구원을 미끼로 우리의 발목을 잡으시는 분이 아닙니다.

그분은 우리에게 값없이 구원을 베푸셨습니다. 그러나 하나님께서는 구원받은 우리를 향한 계획을 가지고 계시고, 그 계획을 따라 살아가는 것이 우리의 가장 자유롭고 행복한 삶임을 알고 계십니다. 그래서 그분은 자신의 계획을 우리에게 알게 하십니다.

  하나님을 향한 사랑으로 인해 일평생을 종처럼 하나님만을 섬기며 살아가는 사람들을 하나님께서 얼마나 사랑하실까요? 스스로 종이 되어 마음을 다해 하나님을 섬기며, 하나님의 사랑 속에서 살고 싶지 않습니까? 자신을 낮추어, 하나님만 드러나게 하며 살고 싶지 않습니까?

  진실로 하나님을 만나고 그 위대한 사랑과 진리에 눈뜬 사람들의 단 하나의 소망은 좋으신 하나님을 위하여 종처럼 살아가는 것입니다.

제7장 **섬김의 태도(3)**

# 충성, 최선을 다한 섬김

"예수께서 이르시되 내가 진실로 네게 이르노니
오늘 네가 나와 함께 낙원에 있으리라 하시니라"

누가복음 23장 43절

## 충성, 최선을 다한 섬김

　십자가에서 죽어 가시면서 옆에 매달린 한 행악자를 낙원으로 인도하신 예수 그리스도의 모습을 생각할 때, 우리는 그 영혼의 구원이 마지막 순간까지 영혼을 섬기셨던 예수 그리스도의 섬김의 열매라는 사실을 깨닫게 됩니다.

　다만 주를 믿을 뿐, 그분과 그분이 사랑하시는 영혼들을 위하여 아무것도 섬기는 것이 없다면 그 사람은 진정한 그리스도인이 아닙니다. 구원받은 우리는 우리의 시간을 사는 사람이 아니라 하나님의 시간을 사는 사람입니다. 따라서 우리는 우리에게 주어진 1분 1초라도 주님을 위하여 아껴 사용하여야 합니다.

## 예수 그리스도의 마지막 섬김

누가복음 23장에는 예수 그리스도께서 이 땅에 계실 때 마지막으로 구원하셨던 한 행악자의 이야기가 나옵니다. 언젠가 어떤 사람으로부터 이 행악자가 부럽다는 이야기를 들었습니다. 그는 이 사람을 행운아로 여겼습니다. 마지막까지 하나님 안 믿고 자기 살고 싶은 대로 맘껏 살다가 죽는 순간에 주님 영접하고 하늘나라에 갔기 때문입니다.

그러나 이것은 잘못된 신앙관과 현세 중심적인 사고가 만들어 낸 오해입니다. 신앙에 매이지 않고 자기 살고 싶은 대로 살다가, 마지막 순간에 구원을 얻고 하늘나라에 가게 된 것이 어떻게 행복한 일입니까?

그 강도가 살아왔을 인생을 한번 생각해 보십시오. 일평생 자기 살고 싶은 대로 살아온 그의 인생은 어떠했습니까? 늘 다른 사람에게 해를 입혔고, 자신 역시 늘 체포당할 위험에 떨었습니다. 훔친 돈으로 먹고 마시면서 육체의 향락을 즐겼지만, 늘 공허하고 비참했습니다. 결국 그는 붙잡혀 십자가에 못박히는 신세가 되었고, 죽음 이후에도 그를 기다리고 있는 것은 영원한 심판과 끝없는 고통뿐이었습니다.

예수 그리스도의 눈에는 이 행악자의 영혼이 얼마나 비참한 상태에 놓여 있는지 너무나 잘 보였습니다. 그래서 생애의 마지막 순간까지도, 그를 섬기며 보내셨습니다. 십자가에 매달린 채, 고난을 당하며 죽어 가는 그 순간에도 예수님께서는 영혼을 구원하기 위해 보냄을 받은 자신의 사명을 잊지 않으셨던 것입니다. 성경은 말합니다. "예수께서 이르시되 내가 진실로 네게 이르노니 오늘 네가 나와 함께 낙원에 있으리라 하시니라"(눅 23:43). 이 말씀은 예수님께서 이 땅에서의 마지막 순간까지도 한 영혼을 위한 섬김을 놓지 않으셨음을 보여 줍니다.

예수님께서 이 땅에 계시면서 행하신 마지막 섬김은 이처럼 십자가 위에서 죽어 가시면서도 또 다른 죽어 가는 죄인에게 진리의 빛을 비춰 주시고 영혼을 구원하신 것이었습니다.

사실, 그때 십자가 위에는 예수님과 이 구원받은 행악자만 있었던 것이 아닙니다. 교회의 전승에 의하면 예수님과 함께 못박힌 두 강도의 이름은 '디스마스'(Dismas)와 '게스타스'(Gestas)라고 알려져 있습니다. 이름이 비슷한 것으로 볼 때, 어쩌면 두 사람은 형제였을 수도 있습니다.

이 두 사람은 예수님의 양쪽에 달렸고, 처음에는 그들 모두 세상을 향한 분노로 가득 차 있었습니다. 죽어 가며 마지막 발악이라도 하듯 쏟아내는 그들의 분노는 바로 옆에 있는 예수님께로 향했고, 그래서 그들은 서슴없이 예수님께 욕을 퍼부었습니다.

물론 성경은 이 사건을, 한 행악자는 예수님을 비방하였지만 다른 행악자는 그를 꾸짖으며 예수님께 "예수여 당신의 나라에 임하실 때에 나를 생각하소서"(눅 23:42)라고 고백하였다고 간략히 기록합니다.

그런데 한번 생각해 보십시오. 이 사람이 누구입니까? 지금껏 말할 수 없는 죄악을 무수히 저지르며 살아온 강퍅하기 그지없는 행악자가 아닙니까? 그런 그가 죽음이 임박했다고 해서 스스로 모든 잘못을 뉘우치고, 단지 그 사실 하나 때문에 그 동안 자신을 얽어맸던 세상을 향한 분노를 일시에 거두고 "저는 정말 죄인입니다. 저는 죽어 마땅합니다."라고 고백하였겠습니까? 그가 그렇게 스스로 하나님께 돌이킬 사람이었다면, 십자가에 매달리게 될 때까지 자신의 인생을 악행 중에 방치하지도 않았을 것입니다. 더욱이 못박힌 동료와 예수님을 비방하지도 않았을 것입니다.

분명히 흉악한 강도인 그가 회개하기까지는 예수 그리스도의 섬김이 있었을 것입니다. 과연 그것은 어떤 섬김이었을까요? 예수님께서 행하신 놀라운 이적을 목도하고서도, 예수님이 하나님의 아들이신 것을 인정하지 않는 사람들도 많았는데, 이 사람은 십자가에 못박힌 채 힘없이 죽어 가고 있는 예수 그리스도를 보며, 그분을 하나님의 아들이라고 믿었습니다. 예수님께서 이 사람의 내면에 어떠한 커다란 영향을 끼쳤기에 이런 놀라운 일이 일어난 것일까요?

확신하건대, 이 사람은 십자가에 못박힌 채 서서히 죽어 가고 있는 예수님의 모습 속에서 말할 수 없는 사랑을 읽었을 것입니다. 자기를 채찍질하고 십자가에 못박은 악한 무리들을 위해 기도하시는 예수님의 모습을 보며, 그의 마음에는 커다란 변화가 일어났을 것입니다.

자기를 다 내어 주기까지 영혼들을 향한 사랑을 그치지 않는 예수님의 모습을 바로 옆에서 지켜보며, 그는 예수님이 하나님의 아들임을 확신했습니다. 그리고 사랑과 이해와 용서와는 거리가 먼 삶을 살아왔던 자신의 인생을 진심으로 뉘우쳤습니다.

하지만 그 모든 것을 깨닫게 되었음에도 불구하고, 그는 도저히 예수님께 "당신이 가실 그 낙원에 저도 좀 데려가 주십시오."라고 말할 자신이 없었습니다. 이제껏 끔찍한 악행밖에 행한 것이 없는, 죄로 가득 찬 자신의 일생을 돌아볼 때 감히 예수님께 그런 부탁을 드릴 수는 없었습니다.

그래서 그는 겸손히 말씀드렸습니다. "부디 나를 기억이라도 해주십시오. 나를 생각해 주십시오." 십자가에서 죽어 가고 있는 예수님을 자신의 영혼을 구원할 수 있는 유일한 희망으로 인정하며, 그분께 자비와 긍휼을 구했던 것입니다. 요단 강에서 세례를 받으신 후 광야에서 기도하시며 시험을 받으신 것이 예수님의 섬김의 시작이었다면, 자신의 몸을 우리를 위한 대속 제물로 드리기 위해 달리신 십자가 위에서 한 행악자의 영혼을 구원하신 것은 그분의 생애를 마감 짓는 마지막 섬김이었습니다.

처음부터 시작해서 마지막 순간에 이르기까지 예수님의 생애는 실로 액체의 생애였습니다. 그분의 생애는 피와 눈물과 땀으로 얼룩진 종의 생애였던 것입니다. 강퍅하게 살아가던, 이 철벽 같은 강도의 마음이 물같이 녹아지게 된 것은 십자가에 못박힌 채 피 흘리며 죽어 가시는 예수 그리스도의 섬김 앞에서였습니다. 예수 그리스도께서는 우리를 위해 자기를 다 버리신 생애를 사셨습니다. 이름 없이 빛도 없이 하나님을 섬기며 살라고 한 것은 우리에게만 부과된 요구가 아니라, 이미 예수님께 주어졌던 요구이며, 예수님께서 몸소 이루신 삶이었던 것입니다.

그러므로 우리가 이름 없이 빛도 없이 섬기며 살아가기 위해서는 예수 그리스도의 생애를 많이 묵상해야 합니다. 우리를 위해서 십자가에 못박혀 죽으신 예수 그리스도의 모든 발자취, 걸음걸음마다 자기를 낮추시고 일체 자기를 드러내지 않으셨던 예수님의 생애, 그 생애를 묵상할 때 우리는 이 세상을 빈둥거리며 살 수 없습니다. 그리고 설령 우리가 무엇인가 많이 헌신하고 있다 할지라도, 결코 "나는 충분히 섬기고 있다."라고 말할 수 없습니다.

예수 그리스도의 이 마지막 섬김을 생각해 보십시오. 십자가에 못박히

시기 전에 그분은 무거운 십자가를 지고 골고다 언덕까지 올라가셨고, 그 십자가를 지시기 전에 이미 채찍에 무수히 맞으셨습니다. 그리하여 이제 양손이 십자가에 못박힌 채, 서서히 운명하고 계시는 중이었습니다. 피로 물든 십자가 위에서 그분은 사라져 가고 있는 자신의 생명을 느끼고 계셨습니다. 그러나 그 순간에도 그분은 죽어 가고 있는 한 불쌍한 영혼을 섬기셨습니다. 예수 그리스도의 이러한 큰 사랑, 그 한없는 희생을 생각할 때, 그분의 공로로 구원을 받은 우리가 우리의 모든 것을 드려 하나님을 섬기는 것은 너무나 당연합니다. 구원받은 그리스도인들이 겸손히 하나님을 섬기는 태도 없이, 그저 자기를 드러내기만을 좋아하면서 살아간다면 이 얼마나 부끄러운 일일까요? 정말로 예수 그리스도가 누구인지를 알고, 그분의 십자가의 고난의 의미가 무엇인지를 깨달았다면, 그러한 삶을 살아갈 수 없습니다. 하나님의 사랑의 강권 때문에, 도저히 그렇게 방종하고 나태한 삶을 유지해 나갈 수 없는 것입니다.

우리에게 필요한 것은 이 땅에서의 사역을 마치는 그 마지막 순간까지, 하나님께서 맡겨 주신 사명을 마음을 다하여 섬기는 태도를 잃지 않으신 예수 그리스도의 정신입니다. 우리는 어느 자리에 있든지 하나님을 사랑하는 마음을 품고, 하나님께서 자신을 구원의 은혜로 불러 주신 것이 이 섬김의 자리에 세워 주시기 위함이었다는 소명의식을 가지고 사는 사람이어야 합니다. 모든 그리스도인은 이 땅에 사는 동안 근무 중인 사람입니다. 아프다는 것이, 나이가 많이 들었다는 것이, 그로 하여금 더 이상 섬기지 않아도 되는 타당한 이유를 제공해 주지는 못합니다.

따라서 이유가 무엇이든지 간에, 단지 빈둥거리며 살아가고 있다면 그는 신령한 그리스도인일 수 없습니다. 맡겨진 사명의 자리에서 충성스럽게 하나님을 섬기는 일에 무심하다면, 그가 아무리 거룩한 사람인양 행세해도 그는 분명 가짜입니다. 정말로 신령한 그리스도인은 항상 피 묻은 전투복을 입고 근무 중인 자세로 이 세상을 살아갑니다. 이 땅에 살아 있는 한, 하나님을 섬기는 것에 있어서 우리에게 은퇴란 없습니다. 하나님의 무한한 은혜로 구원을 얻은 우리에게, 하나님을 위해 살아간다는 것은 숨쉬는 것만큼이나 당연하고 자연스런 일이기 때문입니다.

## 예수님의 시선

그런데 이 행악자는 사람들에게 많은 피해를 입히며 살아온 악한 사람이었습니다. 따라서 세상의 시선으로 볼 때 그의 비참한 죽음은 어쩌면 당연한 귀결이었습니다. 그러나 예수님의 시선은 그러한 세상의 시선과는 달랐습니다. 이 예수님의 시선이야말로 우리 그리스도인들이 가져야 할 영적 시선입니다.

예수님께서는 이 강도가 이렇게 비참한 삶의 종말을 맞이할 수밖에 없게 된 것이 그가 악한 존재여서가 아니라, 깊은 영적 어두움 속에서 살았기 때문이라고 판단하셨습니다. 이 강도의 영혼에는 캄캄한 무지의 어두움이 드리워져 있었습니다. 그렇기 때문에 그는 하나님이 누구신지 몰랐고, 죄가 무엇인지도 몰랐으며, 예수 그리스도가 누구신지도 몰랐습니다. 그는 죽은 후에는 천국과 지옥이 있다는 사실도 깨닫지 못했습니다. 그래서 그는 자기의 육체의 악한 본성을 따라 살았고, 그 결과 사형을 언도받는 데에까지 나갔습니다.

그러나 죄인을 긍휼히 여기시는 하나님의 사랑이, 그의 가장 절망적인 순간에 찾아왔습니다. 사단의 권세에 사로잡혀서 육신의 욕망을 따라 짐승처럼 살아가던 이 사람의 어두운 영혼에 빛이 들어오기 시작한 것입니다. 그래서 그는 다른 한 행악자가 "네가 그리스도가 아니냐, 너와 우리를 구원하라."며 예수님을 조롱할 때 그를 꾸짖었습니다. "네가 동일한 정죄를 받고서도 하나님을 두려워 아니하느냐"(눅 23:39-40).

그의 어두운 영혼 속에 복음의 빛이 들어오자, 지금 자기 옆에서 죽어가고 있는 나사렛의 이 젊은이가 자기와 같이 더러운 죄 때문에 십자가에 달린 사람이 아니라는 사실을 깨닫게 되었던 것입니다. 그는 예수 그리스도의 무죄를 확신하게 되었고, 그분이 하나님의 아들이라는 사실을 굳게 믿게 되었습니다. 비록 자기와 함께 십자가에서 죽어 가지만 그분의 죽음의 의미는 자신의 죽음의 의미와는 전혀 다른 죽음이라는 사실을 뼈저리게 느끼게 되었습니다. 그래서 그는 예수 그리스도께 간절히 탄원했습니다. "예수여, 당신의 나라에 임하실 때 나를 생각하소서."

사실 신약성경에서 이만한 믿음을 가진 사람을 만나기가 쉽지 않습니다. 이것은 굉장히 놀라운 믿음입니다. 우리는 십자가에 달린 이 행악자에게서 티끌만큼의 의심 없이 예수 그리스도를 의지하는 죄인의 모습을 봅니다. 그는 자신의 죄인 됨을 깨닫고, 십자가에서 죽어 가는 예수 그리스도께 자신의 영원한 운명을 전적으로 의탁하였습니다. 예수 그리스도께서는 그런 그에게서 하나님의 긍휼과 자비만을 바라는 죄인의 모습을 발견하셨습니다. 예수 그리스도가 어떤 분이십니까? 그분이 얼마나 죄인들에게 생명을 주고 싶어하시는 분이십니까? 그런 그분이 자신을 온전히 의지하는 믿음을 가지고 있는 사람을 용서해 주시지 않으시겠습니까?

예수 그리스도께서는 진심으로 죄를 회개하며, 믿음으로 자신의 영혼을 의탁하는 행악자를 향해 지극히 평온한 음성으로 말씀하셨습니다. "내가 진실로 네게 이르노니 오늘 네가 나와 함께 낙원에 있으리라."

그리하여 흉악한 강도로 추정되는 이 행악자는 자기를 얽어맨 모든 사망의 줄을 끊고, 그날 예수 그리스도와 함께 손잡고 낙원에 올랐습니다.

## 구원의 참된 맛을 모르는 자

그러나 십자가 위에서 그러한 놀라운 은혜를 경험하고, 예수 그리스도와 함께 낙원에 오르는 말할 수 없는 영광을 소유했음에도 불구하고 저는 그가 행복한 사람이라고는 생각하지 않습니다. 만약 이 행악자의 죽음을 보며, '그 사람 참 행복하겠다.'라고 생각한다면 그 사람은 구원의 한쪽 측면만을 보고 있는 사람입니다.

이 행악자의 입장에서 한번 생각해 보십시오. 지금까지는 어둠 속에 살았기 때문에 하나님의 창조의 목적을 따라 살 수도, 예수님을 섬길 수도 없었습니다. 예수 그리스도께서 그와 같은 시대를 인간의 몸으로 살아가셨지만, 이 행악자는 죄의 사슬과 영적 무지 속에 놓여 있었기 때문에 예수 그리스도의 사역을 전혀 도울 수 없었습니다. 오히려 그는 예수 그리스도에 관한 풍문을 들으며, 조롱하고 의심하고 욕했습니다. 그런데 그의 영혼의 어두움을 깨고 빛이 들어왔습니다. 찬란한 복음의 빛이 그의 지성을 비추자, 하나님의 구원과 은혜의 계획이 그에게도 보였습니다. 모든 것을 자세히 이해할 수는 없지만, 그래도 예수 그리스도가 어떤 분이신지에 대해서는 눈뜨게 되었습니다. 이제 그에게는 인생에 대한 새로운 가치관이 생겼고, 어떻게 살아가야 하는지에 대한 새로운 인식이 싹텄습니다.

그런데 문제가 생겼습니다. 이제 창조의 목적이 무엇인지도 알았고, 자기가 예수 그리스의 은혜 없이는 살 수 없는 죄인이라는 것도 알았고, 예수 그리스도의 은혜를 간직하며 예수 그리스도를 위해 살아야겠다는 결심도 생겼는데, 그에게는 그렇게 살만한 시간이 없었습니다. 예수 그리스도를 위해 해 드리고 싶은 일이 너무나 많았는데, 그의 손과 발은 지금 십자가에 못박혀 죽어가고 있었습니다. 이 모든 사실을 알게 되었을 때, 그의 마음은 어땠을까요?

예수 그리스도 곁에서 말할 수 없는 평화와 안식을 누리며 숨을 거두었겠지만, 그러나 결코 행복하지는 않았을 것입니다. 죄밖에는 지은 것이 없는 자신의 생애를 돌아보며, 아직도 죄 가운데 있는 가족과 친구들을 생각하며, 그의 마음은 하염없이 무너져 내렸을 것입니다. 그러므로 이 사람을 두고 '하나님을 위해 아무것도 수고한 것 없이, 자기 마음대로 살다가 마지막 순간에 극적으로 구원을 얻었으니 얼마나 행복한 사람인가?'라고 생각하는 것은 예수 그리스도의 사랑을 경험한 자의 마음이 어떠한지를 모르는 사람들의 생각입니다. 예수 그리스도로부터 깊이 사랑받아 본 경험, 예수 그리스도의 말할 수 없는 은혜로 자신의 삶이 고쳐져 본 경험이 있는 사람들은 이 행악자의 죽음을 보며, 말할 수 없는 안타까움을 느낍니다. 은혜를 입었으나, 그 은혜를 가지고 헌신할 기회를 전혀 얻지 못한 사람의 마음이 어떨지 충분히 짐작이 되기 때문입니다.

만일 하나님께서 이 행악자에게 일주일의 말미를 더 주셨다면 이 사람은 그 일주일을 어떻게 살았을까요? 어차피 구원을 받은 것이니 천국 가서는 못하게 될 강도질이나 몇 번 더 해보고, 그렇게 번 돈으로 이 세상을 떠나면 못 누릴 세상 열락이나 실컷 누리려 했을까요? 자신을 체포한 사람을 찾아가 복수하려 했을까요? 그는 그런 하찮은 일들에 낭비하기에는 자신에게 주어진 시간이 너무 짧다고 한탄하며, 촌음까지 아껴 쓰며 이 땅에서 사는 동안에 하나님께서 자기에게 가장 하게 하시고 싶으셨던 그 일에 매진했을 것입니다. 무슨 일을 하든지 하나님을 섬겼을 것입니다.

째깍째깍 울려 퍼지는 초침소리를 커다란 종소리처럼 느끼며, 그는 매 순간 최선을 다해서 주님을 섬기며 살았을 것입니다. 그러나 그에게는 그럴 기회가 허락되지 않았습니다. 그 어떤 섬김의 기회도 누리지 못한 채 하늘을 향해 올라가는 그에게 이 땅에 살아 있는 사람들은 얼마나 부러운 이웃들이었을까요?

사랑하는 여러분, 오늘 우리에게 주어진 이 날은 우리에게 있어서 하나님을 위한 최선을 요구하는 날입니다. 어제는 후회해도 이미 지나갔고, 내일은 확신할 수 없는 날이기 때문입니다. 믿음이 떨어질지도 모르고, 건강을 잃어버릴지도 모르며, 주님이 내 생명을 거둬 가실지도 모릅니다. 그러므로 오늘이라고 부르는 이 날에 소명을 느끼면서, 하나님이 세워 주신 자리에서 오늘이 바로 십자가에 못박혀 죽은 그 행악자가 하루 말미를 얻어

이 땅에 내려온 날인 것처럼, 하나님 앞에서 그렇게 섬기며 살아야 합니다.

이 땅에 있는 동안 하나님의 일을 많이 하긴 했지만 그분을 깊이 사랑하지도 않았고 섬김도 건성이었던 사람과, 진심으로 하나님을 사랑했지만 일은 조금밖에 하지 못한 사람 중에 더 하나님께 기쁨이 된 사람은 누구일까요? 두말할 것 없이 후자의 사람일 것입니다. 그러나 이 두 사람이 똑같이 하나님을 사랑한 사람이었을 경우에는 하나님께서는 분명 하나님의 나라를 위해 조금 일한 사람보다는, 예수 그리스도의 피 어린 사랑을 자신의 섬김 구석구석에 배이게 하면서, 자신을 아낌없이 소진하며 많이 섬긴 사람을 훨씬 기뻐하실 것입니다. 그런데 우리가 살펴보고 있는 이 행악자는 아예 하나님을 섬길 수 있는 기회 자체를 소유하지 못했습니다. 따라서 어떻게 보면 가장 행운아인 동시에 섬김의 참된 맛을 모르는 채 인생을 마친 가장 불행한 성도였습니다.

## 섬김의 특권

여러분이 이 땅에 살아 있다고 하는 것은 선택된 것입니다. 더군다나 하나님을 섬길 수 있는 체력, 지력, 물질적인 능력, 시간적인 여유, 재능을 지니고 무엇인가 하나님을 위해 헌신할 수 있는 자리에 서 있다면 그것은 그 자체로 말할 수 없는 특권입니다. 그런데 우리가 이렇게 살아 있다는 사실 자체를 놀라운 특권으로 여기며 살기 위해서는, 이 땅에 살아 있는 동안 늘 다음 두 가지 상반된 생각을 동시에 견지하면서 살아야 합니다.

첫째로 이 세상이 얼마나 허무하고 철저히 소망 없는 곳인지 알아야 합니다. 이 세상은 결코 우리의 마음속에 있는 사랑을 바칠 만한 곳이 아닙니다. 이 땅에 살아 있는 동안, 우리는 지상의 자원의 부족으로 인해 고통을 느끼기도 하고, 죄로 말미암아 하늘의 자원이 끊어지는 고통을 경험하기도 합니다. 따라서 우리에게는 매일 이 찬송과 같은 고백이 필요합니다.

괴롬과 죄가 있는 곳 나 비록 여기 살아도
빛나고 높은 저곳을 날마다 바라봅니다
내 주여 내 발 붙드사 그곳에 서게 하소서
그곳은 빛과 사랑이 언제나 넘치옵니다

주님을 섬기면서 사는 일이 힘겹습니까? 고난이 겹치고 시련이 밀려와서 인생의 무게를 감당하기가 버겁습니까? 그럴 때마다 이 세상은 잠시 머물다 지나갈 나그네 길일 뿐이라고 생각하십시오.

하늘나라에 대한 소망이 마음속에 찬연히 불타 오르게 되면, 우리는 우리 앞에 맞닥뜨린 시련과 고통 너머에 있는 온 우주를 움직이시고 계시는 하나님을 발견하게 됩니다. 파도 치는 이 현상의 세계의 피안을 향해 우리의 영혼은 기지개를 켜게 되고, 그곳에서 우리를 반갑게 맞이하실 우리 주 예수 그리스도와의 해후를 기다리며 우리의 영혼은 고양되기 시작합니다. 그러면서 이 세상에서 당하는 고난을 더 이상 괴로운 것으로 여기지 않게 되고, 이 세상에서 경험하는 지상 자원의 부족으로 인해 절망이나 불평에 사로잡히지 않게 됩니다.

둘째로 하나님 앞에 감사하는 마음이 필요합니다. 비록 이 세상은 괴로움과 죄가 가득한 곳이지만, 그렇다고 해서 우리가 아침에 눈뜨고 일어나며 이렇게 투덜거린다면 그것은 옳지 않습니다. "하나님, 또 지겨운 하루를 제게 주셨습니까? 아버지, 제게는 살아 있는 것 자체가 십자가입니다. 죽여 주소서." 우리가 이런 태도로 산다면 그것은 하늘나라를 향한 소망을 가진 것도 아니고 섬김에 대해 올바르지도 않은 것입니다.

우리에게 주어진 하루는 하나님께서 베푸신 선물입니다. 어제 죽어간 사람들이 그렇게 살고 싶어했던 내일이 아닙니까? 그러므로 우리는 이렇게 살아가도록 주어진 이 하루를 감사하는 마음으로 살아야 합니다. "주님, 오늘 하루는 하나님께서 제게 허락하신 선물입니다. 제가 이 세상에 존재하는 것이 주님의 마음에 기쁨이 되도록, 예수님께서 이 땅에 계셨다면 하셨을 그 일을 계승하면서 이 하루를 살도록 도와주십시오." 이렇게 기도하며, 하나님을 섬길 소망 가운데 희망 차게 하루를 맞이해야 하는 것입니다. 그래야만 주어진 날을 최선을 다해 살 수 있습니다.

눈을 들어서 우리의 주변을 보십시오. 우리를 필요로 하는 곳이 얼마나 많습니까? 곳곳마다 들려오는 상한 영의 탄식 소리, 곳곳에서 터져 나오는 도움을 구하는 이들의 부르짖음이 여러분의 귓전을 울리지 않습니까? 예수님께서 이 땅에 계셨더라면 분명히 영혼들을 섬기셨을 그 자리가 지금 텅 비어 있는 것이 보이지 않습니까? 지금 이 땅에는 하나님을 위해 해야 할 일들이 길거리에 구르는 돌멩이처럼 흔합니다. 그래서 온전한 교회, 온전한 세상, 온전한 신자를 꿈꾸는 사람들의 시선에는 누군가의 헌신을 애타게 기다리고 있는 버려진 사명들이 무수히 많이 들어옵니다.

그리고 하나님의 강력한 부르심이 들립니다.

그러나 그것을 느끼는 사람은 너무나 소수입니다. 설령 그 부르심에 대답하고 하나님을 섬긴다고 해도 너무나 건성으로 섬깁니다. 그러므로 여러분! 부디 여러분이라도 올바르게 하나님을 섬기십시오. 하나님을 위해 제대로 일하십시오. 많이 섬길 수 있는 여력이 있다면, 감사하며 많이 섬기십시오. 하나님을 사랑하되 통곡하듯이 사랑하며, 여러분이 가지고 있는 모든 자원을 사용하여 주님을 섬기십시오. 그렇게 섬기며 살아도, 마지막 날 하나님 앞에 서서는 우리의 섬김이 너무나 모자랐다는 생각에 가슴이 미어질 것입니다. 우리의 인생은 항상 봄날이 아닙니다. 우리의 젊음, 우리의 건강은 한철입니다. 우리가 가진 재능과 물질로 주님을 섬길 수 있는 기회 역시 한정되어 있습니다. 그러므로 섬길 수 있을 때 잘 섬기지 않으면, 후에 섬기고 싶어도 섬길 수 없음에 통곡하게 될 것입니다. 지금은 스스로 선택하여 하나님을 섬기는 일에 소홀하지만, 세월이 지나면 그 일에 더 이상 자신이 필요하지 않게 된 것을 느끼게 될 것입니다. 그때에는 아무리 후회해도 늦습니다. 그러므로 우리는 지금 이 순간 분투하며, 하나님의 부르심을 좇아 부지런히 헌신하며 살아야 합니다.

비록 십자가에서 구원을 얻기는 했으나, 하나님을 섬기며 살 수 있는 기회는 허락받지 못했던 본문의 행악자를 생각해 보십시오. 이름 없이 빛도 없이 섬기고 싶었으나, 그에게는 그럴 시간이 허락되지 않았습니다. 그러나 우리는 다릅니다. 죽어가던 그 강도가 그토록 누리고 싶었던 내일을 우리는 누리고 있습니다. 오늘이라는 시간 안에서…….

우리가 살아 있다는 것을, 오늘 또 하루의 시간이 나에게 주어졌다는 것을 당연하게 생각하지 마십시오. 그것은 결코 당연한 일이 아닙니다. 그런데 너무나 많은 사람들이 그 평범한 사실을, 더 이상 생의 기회가 우리에게 주어지지 않게 되었을 때 비로소 깨닫습니다. "아, 내가 누렸던 그 무수한 날들이 결코 그렇게 흘려 보낼 수 있는 시간들이 아니었구나. 하루를 더 살 기회를 얻는다는 것이 결코 아무 감흥 없이 받아들여도 될 당연한 일이 아니었구나."

## 섬길 수 있다는 것만으로 충분합니다

본문을 살피며 우리는 자신의 생의 처음부터 끝까지를 온전히 하나님을 섬기는 일에 바쳤던 예수 그리스도를 보았습니다. 그리고 마지막 순간 예수 그리스도를 만나 다행히 구원을 얻었지만, 하나님을 위해 그 어떤 일도 섬기지 못한 채 이 세상을 떠난 또 다른 한 사람을 보았습니다.

여러분은 여러분의 삶이 어떠하길 원합니까? 어떤 삶이 정말 행복한 삶이라고 생각합니까? 사랑하는 여러분! 부디 많이 섬기며 살아가십시오. 자신을 게으름 속에 방치하지 말고, 자신의 인생을 자기의 욕심을 만족시키는 하찮은 일에 소진하지 마십시오. 그것이 무엇이든지 간에, 우리가 그 일을 함으로써 우리가 이 땅에 살아 있는 것으로 인해 하나님께서 기뻐하시고 이웃이 유익을 얻을 수 있다면, 그것은 우리가 마땅히 해야 할 섬김의 본분입니다. 우리 자신의 이름이 드러나지 않는 자리이면 어떻습니까? 우리는 어차피 존귀, 영광, 모든 권세를 하나님께만 돌리며 살아야 할 사람들이 아닙니까? 비록 조국교회의 어느 한 모퉁이에서 이름 없이 빛도 없이 섬기다 간다 할지라도, 우리가 마음껏 주님을 사랑하고 전심으로 그분의 명예를 위해서 살았다면 그것으로 충분하지 않습니까? 세상은 우리의 이름을 기억하지 못하고 사람들은 우리를 하찮은 존재로 여길지라도, 하나님께서는 우리를 그렇게 여기지 않으실 것입니다.

섬기는 우리의 이름이 없으면 어떻고, 빛이 나지 않으면 어떻습니까? 우리가 오직 하나님만 바라보며, 오직 하나님만 사랑하며 섬겨 간다면, 하나님께서는 우리를 어두운 세상에서 빛나는 샛별과 같이 여겨 주실 것이고, 황무지에 피어 난 한 포기의 풀과 같이 생각해 주실 것입니다.

우리의 하루하루의 삶은 하늘나라를 향해 울려 퍼지는 아름다운 곡조가 될 것이고, 우리와 접촉하고 만나는 많은 사람들은 하늘의 신령한 은혜와 빛을 우리의 인격과 삶 안에서 발견하게 될 것입니다. 그러므로 이러한 삶을 살아가는 사람은 외치지 않아도 소리치는 사람이요, 노래하지 않아도 끊임없이 찬송하는 사람이며, 유명한 지위에 오르지 않아도 수많은 사람들을 거룩한 감화로 지배하는 사람입니다.

여러분! 하나님께서는 여러분을 이런 소중한 사람으로 이 황무한 땅에 세우시고자, 지금과 같은 교회의 시대에 태어나게 하셨습니다. 따라서 우리는 그러한 하나님의 부르심을 깊이 느끼며, 어디서든지 섬기는 자로 살아야 합니다. 어디 있든지, 무엇을 하든지 이름 없이 빛도 없이 하나님을 섬기는 귀한 사람들이 되십시오. 그것이 하나님의 사랑을 알았고, 하나님께 받은 사랑을 실천하며 살 기회를 선물로 받은 우리의 사명입니다. 선한 싸움 다 싸우다가 우리 모두 새 예루살렘에서 기쁨으로 만날 때까지…….

## 사명선언문

너희가 흠이 없고 순전하여……세상에서 그들 가운데 빛들로
나타내며 생명의 말씀을 밝혀 _ 빌 2:15-16

**1. 생명을 담겠습니다**
만드는 책에 주님 주신 생명을 담겠습니다.
그 책으로 복음을 선포하겠습니다.

**2. 말씀을 밝히겠습니다**
생명의 근본은 말씀입니다.
말씀을 밝혀 성도와 교회의 성장을 돕겠습니다.

**3. 빛이 되겠습니다**
시대와 영혼의 어두움을 밝혀 주님 앞으로 이끄는
빛이 되는 책을 만들겠습니다.

**4. 순전히 행하겠습니다**
책을 만들고 전하는 일과 경영하는 일에 부끄러움이 없는
정직함으로 행하겠습니다.

**5. 끝까지 전파하겠습니다**
모든 사람에게, 땅 끝까지, 주님 오시는 그날까지
복음을 전하는 사명을 다하겠습니다.

## 서점 안내

| | |
|---|---|
| **광화문점** | 서울시 종로구 새문안로 69 구세군회관 1층<br>02)737-2288 / 02)737-4623(F) |
| **강남점** | 서울시 서초구 신반포로 177 반포쇼핑타운 3동 2층<br>02)595-1211 / 02)595-3549(F) |
| **구로점** | 서울시 동작구 시흥대로 602, 3층 302호<br>02)858-8744 / 02)838-0653(F) |
| **노원점** | 서울시 노원구 동일로 1366 삼봉빌딩 지하 1층<br>02)938-7979 / 02)3391-6169(F) |
| **일산점** | 경기도 고양시 일산서구 중앙로 1391 레이크타운 지하 1층<br>031)916-8787 / 031)916-8788(F) |
| **의정부점** | 경기도 의정부시 청사로47번길 12 성산타워 3층<br>031)845-0600 / 031)852-6930(F) |
| **인터넷서점** | www.lifebook.co.kr |